2025年度版

兵庫県の
面接

過 去 問

協同教育研究会 編

協同出版

はじめに～「過去問」シリーズ利用に際して～

　教育を取り巻く環境は変化しつつあり，日本の公教育そのものも，教員免許更新制の廃止やGIGAスクール構想の実現などの改革が進められています。また，現行の学習指導要領では「主体的・対話的で深い学び」を実現するため，指導方法や指導体制の工夫改善により，「個に応じた指導」の充実を図るとともに，コンピュータや情報通信ネットワーク等の情報手段を活用するために必要な環境を整えることが示されています。

　一方で，いじめや体罰，不登校，暴力行為など，教育現場の問題もあいかわらず取り沙汰されており，教員に求められるスキルは，今後さらに高いものになっていくことが予想されます。

　本書の基本構成としては，面接試験の概要，過去数年間の面接試験の出題内容を掲載しています。各自治体や教科によって掲載年数をはじめ，面接試験対策や提出書類の書き方を掲載するなど，内容が異なります。

　また原則的には一般受験を対象としております。特別選考等については対応していない場合があります。なお，実際に出題された順番や構成を，編集の都合上，変更している場合があります。あらかじめご了承ください。

　みなさまが，この書籍を徹底的に活用し，教員採用試験の合格を勝ち取って，教壇に立っていただければ，それはわたくしたちにとって最上の喜びです。

協同教育研究会

C O N T E N T S

第1部 面接試験の概要 ……………………………………… **3**

第2部 兵庫県の
面接実施問題 …………………………**7**

第1部

面接試験の概要

面接試験の概要

■ 面接試験の意義

　論作文における筆記試験では，教員として必要とされる一般教養，教職教養，専門教養などの知識やその理解の程度を評価している。また，論作文では，教師としての資質や表現力，実践力，意欲や教育観などをその内容から判断し評価している。それに対し，面接試験は，教師としての適性や使命感，実践的指導能力や職務遂行能力などを総合し，個人の人格とともに人物評価を行おうとするものである。

　教員という職業は，児童・生徒の前に立ち，模範となったり，指導したりする立場にある。そのため，教師自身の人間性は，児童・生徒の人間形成に大きな影響を与えるものである。そのため，特に教員採用においては，面接における人物評価は重視されるべき内容であり，最近ではより面接が重視されるようになってきている。

■ 面接試験とは

　面接試験は，すべての自治体の教員採用選考試験において実施されている。最近では，教育の在り方や教師の役割が厳しく見直され，教員採用の選考においても教育者としての資質や人柄，実践的指導力や社会的能力などを見るため，面接を重視するようになってきている。特に近年では，1次選考で面接試験を実施したり，1次，2次選考の両方で実施するところも多くなっている。

　面接の内容も，個人面接，集団面接，集団討議(グループ・ディスカッション)，模擬授業，場面指導といったように多様な方法で複数の面接試験を行い，受験者の能力，適性，人柄などを多面的に判断するようになってきている。

　最近では，全国的に集団討議(グループ・ディスカッション)や模擬授

業を実施するところが多くなり，人柄や態度だけでなく，教員としての社会的な能力の側面や実践的な指導能力についての評価を選考基準として重視するようになっている。内容も各自治体でそれぞれに工夫されていて，板書をさせたり，号令をかけさせたりと様々である。

　このように面接が重視されてきているにもかかわらず，筆記試験への対策には，十分な時間をかけていても，面接試験の準備となると数回の模擬面接を受ける程度の場合がまだ多いようである。

　面接で必要とされる知識は，十分な理解とともに，あらゆる現実場面において，その知識を活用できるようになっていることが要求される。知っているだけでなく，その知っていることを学校教育の現実場面において，どのようにして実践していけるのか，また，実際に言葉や行動で表現することができるのか，といったことが問われている。つまり，知識だけではなく，智恵と実践力が求められていると言える。

　なぜそのような傾向へと移ってきているのだろうか。それは，いまだ改善されない知識偏重の受験競争をはじめとして，不登校，校内暴力だけでなく，大麻，MDMA，覚醒剤等のドラッグや援助交際などの青少年非行の増加・悪質化に伴って，教育の重要性，教員の指導力・資質の向上が重大な関心となっているからである。

　今，教育現場には，頭でっかちのひ弱な教員は必要ない。このような複雑・多様化した困難な教育状況の中でも，情熱と信念を持ち，人間的な触れ合いと実践的な指導力によって，改善へと積極的に努力する教員が特に必要とされているのである。

■ 面接試験のねらい

　面接試験のねらいは，筆記試験ではわかりにくい人格的な側面を評価することにある。面接試験を実施する上で，特に重視される視点としては次のような項目が挙げられる。

　① 　人物の総合的評価　面接官が実際に受験者と対面することで，容姿，態度，言葉遣いなどをまとめて観察し，人物を総合的に評価することができる。これは面接官の直感や印象によるところが大きい

5

が，教師は児童・生徒や保護者と全人的に接することから，相手に好印象を与えることは好ましい人間関係を築くために必要な能力と言える。

② 性格・適性の判断　面接官は，受験者の表情や応答態度などの観察から性格や教師としての適性を判断しようとする。実際には，短時間での面接のため，社会的に，また，人生の上でも豊かな経験を持った学校長や教育委員会の担当者などが面接官となっている。

③ 志望動機・教職への意欲などの確認　志望動機や教職への意欲などについては，論作文でも判断することもできるが，面接では質問による応答経過の観察によって，より明確に動機や熱意を知ろうとしている。

④ コミュニケーション能力の観察　応答の中で，相手の意思の理解と自分の意思の伝達といったコミュニケーション能力の程度を観察する。中でも，質問への理解力，判断力，言語表現能力などは，教師として教育活動に不可欠な特性と言える。

⑤ 協調性・指導性などの社会的能力(ソーシャル・スキル)の観察　ソーシャル・スキルは，教師集団や地域社会との関わりや個別・集団の生徒指導において，教員として必要とされる特性の一つである。これらは，面接試験の中でも特に集団討議(グループ・ディスカッション)などによって観察・評価されている。

⑥ 知識・教養の程度や教職レディネスを知る　筆記試験において基本的な知識・教養については評価されているが，面接試験においては，さらに質問を加えることによって受験者の知識・教養の程度を正確に知ろうとしている。また，具体的な教育課題への対策などから，教職への準備の程度としての教職レディネス(準備性)を知る。

第2部

兵庫県の面接
実施問題

2024年度　面接実施問題

◆集団面接(1次試験)

　▼全区分

　　下記の3テーマから，当日指定する1テーマについて，集団討議を行う。

【テーマ】

□これからの時代に求められる教員

□児童生徒の主体的な学びを促す授業づくり

□児童生徒の成長を促す生徒指導

〈評価項目〉

(1)　健康度：困難を克服する精神力や健康性に関する評価

(2)　積極性：仕事に対する意欲や情熱に関する評価

(3)　共感性：児童生徒に対する共感性に関する評価

(4)　社会性：周囲とのコミュニケーション能力に関する評価

　▼小学校全科　面接官2人　受験者5人　15分

【テーマ】

□児童生徒の主体的な学びを促す授業づくり

・テーマは6月中旬頃出され(3つ)，当日その中から1つが試験開始後に
　面接官から発表される。

・司会は立てない

※面接会場配置イメージ

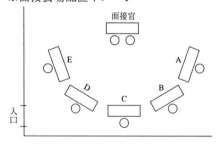

▼小学校全科　面接官2人　受験者5人　15分

【テーマ】

□これからの時代に求められる教員

・3つのテーマが試験の2週間ほど前に発表される。当日にこの中から
　1つ指定されて討論する。

・話すのは，1分以内で簡潔にとの注意事項があった。

・司会は立てず，挙手をして「いいですか」ときいてから話した。

▼小学校全科　面接官2人　受験者5人　15分

【テーマ】

□児童生徒の成長を促す生徒指導について

・一人3回ずつぐらい話していた。

・同じグループの人は「A・B・C・D・E」と呼び合う。

・白い紙が机の上に置いてある(メモ用)。

・「残り3分です」と試験官が教えてくれる。

▼中学特支　面接官2人　受験者4人　12分

【テーマ】

□あらかじめ出されていた課題(HPに記載)3つ(「これからの時代に求め
　られる教員」「児童生徒の主体的な学びを促す授業づくり」「児童生
　徒の成長を促す生徒指導」)のうちから，当日試験官が1つ選んで討
　論する。

・メモを取ってもかまわない(メモは試験後回収される)。

・司会を立てる必要はなく，1人あたりの持ち時間や発言回数(1人当た
　り3〜4回が妥当)の制限はない(1回あたりの発言時間は1分以内)

・残り3分になると試験官の合図がある。

・討論中，受験生同士は「Aさん」「Bさん」と呼び合う。

・課題を出された後すぐに討論が始まるので，あらかじめ何を話すか
　の構想を練っておかないと難しい。当日考える時間の余裕はない。

◆模擬授業(2次試験)　面接官3人　受験者1人　15分

※受験区分に応じて，約15分の模擬授業を実施する。模擬授業では，必ず黒板(ホワイトボード)を使用することとする。

※ICTを活用した模擬授業の実施：中学校・特別支援学校区分(技術)／中学校・特別支援学校区分(数学)／高等学校区分(数学)／中学校・特別支援学校区分(社会)／高等学校区分(地理歴史・公民)／中学校・特別支援学校区分(理科)／高等学校区分(理科)の受験区分受験者には，ICTを活用した模擬授業を実施。その際，受験者が各自，試験会場に持ち込むICT機器(ノートPC，タブレット，スマートフォン等)を必ず使用することとし，黒板(ホワイトボード)は使用しなくてもよい。また，模擬授業で使用する教材(模擬授業を実施するにあたり，必要なデータ等をICT機器内に予め保存)は各自で準備しておくこと。

※「中学校・特別支援学校区分」における「特別支援学校」での合格者については，特別支援学校で約15分，教科専門で約10分の合計25分の模擬授業を実施する。

※模擬保健指導を実施：養護教諭区分受験者には，模擬授業にかえて約8分間の模擬保健指導を実施し，黒板(ホワイトボード)を使用しなくてもよい。

※模擬授業の後に質疑応答がある。

〈評定項目〉

次の評定項目に基づいて5段階評定で実施する。

(1)　教材内容に関する知識・理解：教科等の専門知識に関する評価

(2)　構成力：授業の構成に関する評価

(3)　声・表情・所作：教員としての所作等に関する評価

〈模擬授業の分野〉

試験当日，以下の各教科内容の分野から，具体的な教材が1つ提示される。

▼小学校全科

□国語(物語，古文，詩)

10

□社会(我が国の工業生産，我が国の歴史上の主な事象)

□算数(概数，割合，いろいろな場合の数)

□理科(風とゴムの力の働き，空気と水の性質，天気の変化，植物の養
　分と水の通り道)

※対象は小学校3〜6年生

▼小学校特別支援

□各教科等を合わせた指導

▼中学国語

□書くこと

□報道

□漢詩

□論説

▼中学社会

□火山と共に生きる鹿児島の人々，火山の噴火への備え，火山がもた
　らした豊かな恵み

□法と裁判，司法権の独立と公正な裁判

※ICTを活用した模擬授業を実施

▼中学数学

□一次関数

□図形の合同

※ICTを活用した模擬授業を実施

▼中学理科

□凸レンズの働き

□大気の動きと海洋の影響

※ICTを活用した模擬授業を実施

▼中学英語
□受け身
□動名詞
□現在分詞
□to不定詞

▼中学家庭
□日常食の調理と地域の食文化
□消費者の権利と責任

▼中学技術
□生物育成の技術
□情報の技術
※ICTを活用した模擬授業を実施

▼中学保体
□心身の機能の発達と心の健康

▼中学音楽
□歌唱
□鑑賞

▼中学美術
□絵や彫刻
□デザイン・工芸

▼中学特別支援
□各教科等を合わせた指導

▼高校国語
□評論文
□小説
□古文
□漢文

▼高校地歴公民
「地理」
□火山の恵み・災害と共生する取組
□言語・宗教をめぐる民族問題，国家を持たない民族の問題
「日本史」
□立憲体制への道のり，日本の国境の画定
□国家仏教の展開，天平の美術
「世界史」
□東欧革命とソ連の解体，グローバル化と世界の構造の変化
□オスマン帝国の動揺と「東方問題」
「公民」
□政党とは，政党政治の課題，世論とメディア
□人間らしさを考える，人間の定義
※試験当日，受験者が「地理」「日本史」「世界史」「公民」の中から1
　つを選択する。
※ICTを活用した模擬授業を実施

▼高校数学
□図形の性質
□微分・積分の考え
※ICTを活用した模擬授業を実施

▼高校理科(物理)
□惑星の運動

□弦の振動
※ICTを活用した模擬授業を実施

▼高校理科(化学)
□中和滴定の操作と実験器具の使い方
□金属の結晶格子の種類とその特徴
※ICTを活用した模擬授業を実施

▼高校理科(生物)
□ヒトの体の調節
□生物の多様性と生態系
※ICTを活用した模擬授業を実施

▼高校英語
□英語コミュニケーションⅠ

▼高校家庭
□食生活と健康
□消費行動と意思決定

▼高校保体
□生涯を通じる健康

▼高校音楽
□歌唱
□鑑賞

▼高校美術
□絵画・彫刻
□デザイン

▼高校書道
□漢字の書
□仮名の書

▼高校看護
□器官系の構造と機能
□バイタルサイン

▼高校福祉
□こころの理解
□国民の生活を支える社会保険制度

▼高校情報
□情報社会の問題解決
□コミュニケーションと情報デザイン

▼高校農業
□農業生物の育成と環境要素

▼高校工業(機械)
□切削加工
□機械に働く力と運動

▼高校工業(電気・電子)
□直流回路
□電子回路素子

▼高校工業(建築・土木：建築)
□建築と住環境
□建築の施工業務

▼高校工業(建築・土木：土木)
□土木工事管理
□トラバース測量

▼高校工業(デザイン)
□デザインと創造活動
□西洋のデザイン

▼高校商業
□決算整理
□経済の基本概念

▼養護教諭
□健康診断前の尿検査に関する保健指導
□修学旅行前の医薬品に関する保健指導
※小学校6年生，中学校3年生対象

▼栄養教諭
□食に関する分野
※小学校5，6年生対象

▼特別支援学校
□各教科等を合わせた指導

▼小学校全科　面接官3人　受験者1人　15分
【課題】
□小学6年　社会「中国やロシアと戦う」
・控室から会場へ移動する際に教科書のコピーを渡される(見てはいけない)。
・会場の前に着くとコピーの紙を見てもいいという合図が出され，5

16

　分間で授業を構成する。

・流れとねらいを1分で言う。

【質問内容】

☐工夫したところは。

☐授業でICTをとり入れるならどこか。

☐グループワークをとり入れるならどこか。

☐この授業で子どもたちに一番伝えたいことは何か。

▼小学校全科

【課題】

☐小学3年生　理科「ゴムの力」

・当日に教科書のコピーがわたされ，5分で構想，12分授業。

・「面接官を児童役にしてもよい」という指示がある。

【質問内容】

☐授業の自己評価。

☐理科は導入が大事だが，実際の現場で興味をもてる工夫はどのよう
　にするか。

　→他の教科で興味をもてる工夫を具体的に。

▼小学校全科

【課題】

☐小学4年　算数「がい数を使った計算方法」

・面接官を子どもに見立ててもいいし，そうでなくてもいい。

・ろう下で数分間授業の流れを考える。

　→下敷き，バインダーの使用は禁止。

　→配付される教科書のコピーに書き込みはできるが机はないので書
　　き込みにくい。

【質問内容】

☐自己評価は。

▼中学理科　面接官3人　15分

【課題】

□光による現象「凸レンズのはたらき」(中学校1年・物理)

【質問内容】

□模擬授業の自己評価(点数とその理由)。

□工夫した点。

□凸レンズに光が入ると，光が2回屈折する内容をどの場面で生徒に教えるのか。

□生徒がどの部分でつまずきやすいと考えるか。

□スクリーンに映した内容と黒板の板書内容が似ているのは，意図があるのか。

□この授業で生徒全員が理解できると考えているのか。

・試験室に入室する5分前に教科書のコピーを見てもよいという指示がある。また，ICT機器の電源を入れて教材を準備するようにという指示がある。その後，試験室に入室し，模擬授業を開始する。

・チョークは白・黄・赤のみ用意されている。

・小さいスクリーンが黒板の右端にある。

▼中学社会

【課題】

□中学校社会科地理的分野　「火山と共にある九州の人々の生活」

【質問内容】

□ 先ほどの模擬授業に点数をつけるなら何点か。

　→ 100点満点でない理由(どこを改善すれば点数をあげられるか)。

□この範囲で一番教えたかったことは何か。

□地図記号は中学生にはわかりにくいかもしれないが，どのように工夫して指導するか。

□生徒の関心を引くために，豪華列車の価格など，きめ細かな教材研究が垣間見えたが，教材研究はどのように進めたか。

□あなたは，地理的分野，歴史的分野，公民的分野のどれが一番好き

か。

→それはなぜか。

→自分が苦手な範囲を教えなければならないとき，どのように進めるか。

・ワークシートや指導案を事前に準備していてもそれを使用することはできない。

▼中学特支　面接官3人　受験者1人　15分

【課題】

□火山と共に生きる鹿児島県の人々』『法と裁判，司法権の独立と公正な裁判』

・事前に示された2つの課題のうち，当日にどちらをやるのか発表される。

【質問内容】

□自己採点。

□良かったところ，上手くいかなかったところ。

□めあてやねらいについて。

・試験室入室5分前に教科書のコピー(中学校1年・物理・啓林館)が配布され，見てもよいとの指示がされる。その後，試験室に入室し，模擬授業を開始する。

・チョークは白・黄・赤のみ用意されている。

▼高校社会　面接官3人　25分

【課題】

□高校地理総合(1学年)「火山と共生する地域の取り組み」

→火山はどのような恵みや災害をもたらすのだろうか。①火山の恵み・災害と共生する島原市(普賢岳)，②火山灰と共生する鹿児島市(桜島)の取り組みを理解しているかを確認することを目的とする。

〈流れ〉

・受験番号順に整列し，科目別(日本史・世界史・地理・公民より選択)課題を記載した2つ折り藁半紙(事前に告知された2題のどちらかの教科書ページコピー)が手渡される。

・前の受験者終了後(少し遅れ気味)中から案内があり，入室し鞄を置き，教卓前の椅子前に移動。受験番号・受験区分・選択科目(地理)を言い，1分間で本時の狙いと内容を説明し，ICT機器にHDMIコードを接続し，授業開始。

【質問内容】

□授業の自己採点。

□この試験(模擬授業・面接)にあたりどのような準備をしたか。

◆個人面接(2次試験)　面接官3人　25分(養護教諭区分は32分)

　※場面指導(学校現場において想定される生徒指導や保護者対応等)に関する試問を含めて実施する。

　〈主な試問例〉

　□願書の記載内容について

　□志望動機について

　□理想の教員像について

　□これまで努力してきたこと

　□教育法規等

　※すべてが全員に必ず試問されるとは限らない。

　〈評定項目〉

　　個人面接試験は次の評定項目に基づいて5段階評定で実施する。

　(1)　態度・表現力：表情や話し方に関する評価

　(2)　意欲・積極性：仕事に対する意欲や情熱に関する評価

　(3)　判断力：状況に応じた判断力に関する評価

　(4)　専門性：教科科目の専門的指導力に関する評価

　(5)　将来性：教員としての資質や人間性に関する評価

▼小学校全科　面接官3人　25分

【質問内容】

□友達からどんな人と言われるか。

□学生時代一番努力したことは。

□今の仕事について。

□ボランティアについて。

□あなたを採用したときのメリットは。

□自分の強みは。

　→わかる授業とは。

□担任として大切にしたいことは。

□働くにあたって不安なことは。

【場面指導】

□1学期毎日休まずきていた児童が二学期から休みがちになった。どうするか。

□保護者から「子どもが学級に行きたくない」と言っている。どうするか。

▼小学校全科

【質問内容】

□兵庫県を志望した理由。

□小学校教諭になりたいと思った理由。

□いつの時代の主将がきつかったか。

□苦労した経験について。

□なぜラクロス部(大学)に入ったのか。

□どんな学級にしていきたいか。

□褒める以外でどんな教育活動をしていきたいか。

□実習で学んだことについて。

【場面指導】

□「うちの子どもが休み時間1人でいる…」という電話の対応。

　→1人でいるとはどんな背景が考えられるか。

→友達の輪に入れないとはどんな感じか。

→いじめは考えられるか。

▼小学校全科

【質問内容】

□志望理由。

□前の夢は何か。

　→どのタイミングで教師に変わったか。

□部活はいつからいつまでやっていたか。

□社会人になっても部活を続けるか。

□今までの部活で一番子どもたちに伝えたいことは何か。

□司書教諭をとった理由は何か。

□ボランティア活動で一番学んだことは何か。

□リフレッシュ方法は何か。

□学校教員はブラックだといわれているが，そのような状況に対して
　あなたはどうするか。

【場面指導】

□夏休み明けに遅刻が多くなってきた児童に対してどう指導するか。

　→何度指導しても改善しない児童に対してどう対応するか。

▼中学理科　面接官3人　25分

【質問内容】

□志望動機

□ボランティア活動(自己PR／願書に関する質問)。

□学業で力を入れていることは。

□大学で研究している内容を授業でどのように応用することができる
　か。

□中学と高校の教員免許を取得しているのに，中学を志望する理由。

□兵庫県の教員を志望する理由(兵庫県の教育方針等を踏まえて)。

□兵庫県以外の受験自治体について。

□自分が経験したことがない部活動を担当することになった場合，どのように対応を行うか。

□同僚で意見が合わない人がいる場合，どのように対応を行うか。

・ブラックな学校(就業時間)について。

【場面指導】

□昼間に夜の21時に保護者から自分(受験者)に電話をしたいと言われた場合，どのように対応を行うか。

□学校行事に積極的に参加しない人が学級にいた場合，どのように対応を行うか。

□夏休み明けから週に3回程度遅刻する生徒がいた場合，どのように対応を行うか。

▼中学特支

【質問内容】

□志望動機(なぜ兵庫県を志望したのか，なぜ中学校なのかを含む)。

□社会科を通して兵庫県の郷土愛を育むにはどのような教材を提示するのか。

□部活動，ボランティア経験を通して学んだこと。

□生徒と関わる上で大切にしたいこと。

□担任としてどのような学級をつくりたいか。

□部活動を指導するとして，どのような部にしたいか。

□主体的・対話的で深い学びを実現するための工夫。

□授業中の発言が少ない生徒への働きかけ方。

□ICTを用いた授業ではどのような工夫ができるか。

【場面指導】

□ネットでいじめを受けている(悪口を書き込まれている)と保護者に相談された時の対応。

　→生徒がもう学校に行きたくないと言った時の対応。

　→誰がネットに書き込んだのか特定してほしいと頼まれた時の対応。

→保護者を通して，生徒が家庭訪問をしてほしくないと言った時の
　対応。

→ネットの悪口を削除してほしいと頼まれた時の対応。

▼中学社会
【質問内容】
□ なぜ教師になりたいと思ったか。
□ なぜ兵庫県で働きたいと思っているのか。
□ 教職課程と学科の学習を並行するのは難しかったと思う。私(面接
　官)も当時相当苦戦した。困難なことも多かったと思うが，どのよ
　うに乗り越えたか。
□ 防災が専門分野ということで，防災系の資格も何か持っているか。
□ なぜ大学進学の際，社会防災学科を選んだのか。
□ なぜ防災が専攻なのに，教職課程を履修しようと思ったのか。
□ 震災経験はあるか。
□ 体験した大阪府北部地震のような地震が再び兵庫で発生した場合，
　教師としてどのように対処するか。
□ 司書教諭を取得されているが，司書教諭を取得するにあたって苦労
　したことは。
□ 大学で，これだけは力を入れたという活動はあるか。
□ ピア・サポートは，何人ほどの規模の団体か。
　→ それを代表としてまとめあげることは容易だったか。
　→ どのような点が難しかったか。
　→その経験を教師になった際にどのように生かせそうか。
□ 生徒指導提要が改訂されたが，あなたはこれのどんな内容に興味が
　あるか。
□ 学習指導要領が改訂されたのは何年か。
□ 兵庫の先生になって「防災」が得意となると，「EARTH」がよく当
　てはまるかと思うが，知っているか。
□ あなたがもし採用された場合，EARTH の一員として貢献したいと

考えているか。

□あなたはストレスをためやすい性格か。

　→どのようにして日頃解消されているか。

□兵庫の先生になったら，あなたは何に挑戦したいか。

【場面指導】

□あなたが担任を務めているとき，保護者から電話で「息子がSNSで悪口を書かれているようだ。どうにかしてくれないか」と言われた。どのように対処するか。

　→電話では，保護者にどのように説明するか。

□あなたが担任を務めているとき，女子生徒から「誰にも言わないでほしいけど，女の子が好きかもしれない。どうしたらいいと思いますか」と言われた。どのように対処するか。

　→その場で，その女子生徒にはなんといいますか。

※面接会場配置イメージ

| 机 |　　面接官…●　　受験生…◎

●　　●　　●

机

◎

教卓・HDMI

黒板　　この辺りに黒板上部にプロジェクター

▼高校社会　面接官3人　25分

【質問内容】

□勤務先の確認。

□兵庫県志望理由。

□この年でなぜ教員になりたいのか。

25

□なぜ兵庫県を受けなかったのか。

　→これまで受けることは考えなかったのか。

□貴方の会社での役割は。

　→どんなことをしたか具体的に。

　→会社は貴方が受験したことを知っているか。

　→(会社から)どのように言われたか。

　→貴方は管理職のようだが，会社は貴方がやめたら困るのでは。

□(教員になるにあたり)不安なことはあるか。

□健康状態は。

□専門外(体育会系，例えば野球部)の顧問を校長から依頼されたらどうするか。

□教員は定年延長でも64歳で雇用は終了するが大丈夫か(民間なら更に雇用があるのでは)。

□(最後に)兵庫県が貴方を採用しなかったら損をすることを念頭に自己アピールを。

【場面指導】

□担任生徒の保護者より，他のクラスの教師より個人的な連絡があり困っている。貴方はどうするか。

□生徒より個人的な連絡をしたいと要望があったらどうするか。

◆実技試験(2次試験)

〈全教科共通携行品〉

・受験票，筆記用具(鉛筆，消しゴムを含む)，上ばき

▼小学校全科・小学校特別支援

【音楽課題】

□歌唱「冬げしき」(文部省唱歌)

※無伴奏，指定の調

□器楽「まきばの朝」(文部省唱歌)

※キーボード，鍵盤ハーモニカまたはソプラノリコーダーのいずれか

　を選択して演奏

〈携行品〉

※歌唱，器楽ともに楽譜を見ながらの演奏も可(試験場の楽譜を使用すること)。

※器楽にて，キーボード以外の楽器(鍵盤ハーモニカ，ソプラノリコーダー)を使用する場合は，各自で持参すること。

冬げしき

文部省唱歌

まきばの朝

文部省唱歌

【体育課題】

□器械運動(マット運動)

①側方倒立回転

②前転からジャンプ$\frac{1}{2}$ひねり

③伸膝後転

※上記①～③を連続して行う。

□ボール運動　バスケットボール(5号球)

①パス，ピボット

②ドリブルからジャンプシュート(レイアップシュート)

③ジグザグドリブル

※上記①〜③を連続して行う。

〈携行品〉

・運動のできる服装，体育館シューズ

▼中学・技術

【課題】

□ものづくりに関する基礎的技術

　実技試験で製作する製品の構想図及び部品図の一部は次のとおりです。

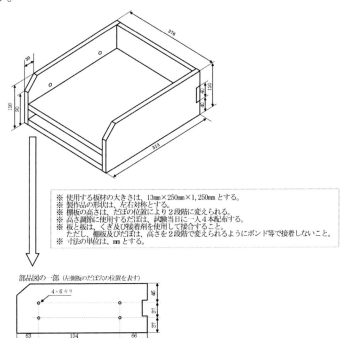

※　使用する板材の大きさは，13mm×250mm×1,250mmとする。
※　製作品の形状は，左右対称とする。
※　棚板の高さは，だぼの位置により2段階に変えられる。
※　高さ調節に使用するだぼは，試験当日に一人4本配布する。
※　板と板は，くぎ及び接着剤を使用して接合すること。
　　ただし，棚板及びだぼは，高さを2段階で変えられるようにボンド等で接着しないこと。
※　寸法の単位は，mmとする。

部品図の一部 (左側板のだぼ穴の位置を表す)

□コンピュータの活用に関する基礎的技術

　実験実技試験で使用するソフトウェアは，Microsoft 社のMicrosoft Excel 2016，PowerPoint 2016及びScratch(インストール版)，コンピュータのOS は「Windows 10 Pro」です。

〈携行品〉

・実習服及び運動靴

▼中学理科　受験生8人・試験官6人　30分

【課題】

□唾液のはたらきに関する実験

〈試験の流れ〉

　試験室に入室後，机の左側に荷物を置いた後，右側で実験を行う。試験開始後，問題用紙を見て，実験(片付け込みで30分)を行う。

〈実験内容〉

(1)　溶液Aと溶液Bをそれぞれ試験管に少量入れて，それぞれにヨウ素液を滴下する。

　　問題①：デンプンが含まれている溶液は，溶液Aと溶液Bのどちらかを答える。

(2)　上記(1)のデンプンが含まれている方の試験管を数分間加熱する。

　　問題②：溶液の色の変化について文章で答える。

(3)　溶液Aと溶液Bをそれぞれ試験管に少量入れて，それぞれに粉末状のアミラーゼを少量加えて混合する。次に，両方の試験管を温めたお湯(40～45度)に入れて3分間温める。最後に，両方の試験管にベネジクト溶液を駒込ピペットで1mLずつ加える。

　　問題③：ベネジクト溶液を加えた後のそれぞれの溶液の色を答える。

　　問題④：ベネジクト溶液で何を調べることができるのかについて文章で答える。

　　問題⑤：アミラーゼのはたらきについて，実験でわかることを文章で答える。

〈使用した試薬と実験器具〉

　ヨウ素液・ベネジクト溶液・アミラーゼ・ガスバーナー・駒込ピペット・ビーカー・試験管・温度計・ストップウォッチなど

▼高校理科

【課題】

□実験・観察

〈携行品〉

・実験用白衣

▼中学・高校英語

【課題】

□英語によるコミュニケーション能力テスト

〈携行品〉

・辞書(電子も可)。ただし，携帯電話，タブレット端末の辞書機能は不可。

▼中学・高校音楽

【課題】

□新曲視奏(アルトリコーダー)

□弾き語り「夏の思い出」

□和楽器演奏(任意の楽器，任意の曲)

□専門実技

〈携行品〉

・アルトリコーダー，専門実技に使用する楽器

※専門実技，一般実技とも楽譜を見ながら演奏しても構わない。

※専門実技，一般実技(和楽器)の演奏時間が長い場合は，途中で打ち切ることがある。

※声楽の伴奏は，選考試験係で用意する。

※譜面台は選考試験係で用意する。

※管楽器の唾用ぞうきんは，各自で用意。

※選考試験係で用意する打楽器は，マリンバ，ティンパニ(23，26，29，32インチ)のみ。マレット，スティック等は，各自で用意。

※アルトリコーダーは，各自で用意。

※調弦等は各自で速やかに行うこと(チューナーを使用しても構わない)。

※選考試験係で用意する和楽器は，箏(十三弦)，和太鼓(締太鼓，長胴太鼓の2種類)のみ。その他の和楽器は，各自で用意。

※和太鼓のばち，箏の爪は，各自で用意。

夏の思い出

作詞　江間章子
作曲　中田喜直

1番の弾き語りを行い、2番括弧で終了すること。

▼中学・高校家庭

【課題】

□被服，食物に関する基礎的・基本的な技術

〈携行品〉

・裁縫用具，実習用白衣，三角巾

▼中学・高校保体

【課題】

□器械運動

33

男：①伸膝前転，②倒立前転ジャンプ$\frac{1}{2}$ひねり，③伸膝後転，④後転
　　倒立，⑤前方倒立回転跳び

女：①片足正面水平立ち，②伸膝前転，③側方倒立回転，④倒立前転
　　ジャンプ$\frac{1}{2}$ひねり，⑤伸膝後転

※①〜⑤の順番で演技を行う。

□陸上競技

□水泳

□球技(バスケットボールまたはバレーボール)

□武道(柔道または剣道)またはダンス

〈携行品〉

・運動のできる服装，体育館用シューズ，屋外用シューズ，水着，水
　泳帽(ゴーグルの使用可)，柔道衣または剣道用具またはダンスので
　きる服装

▼中学・高校美術

【課題】

□鉛筆デッサン

□基礎デザイン(色彩構成)

〈携行品〉

・鉛筆デッサン用具一式，平面デザイン用具一式(ポスターカラー等)，
　30cm直定規

※上記用具には画板(カルトン)を含む。

▼高校書道

【課題】

□毛筆・硬筆

〈携行品〉

・書道道具一式(2B鉛筆含む)，30cm直定規

▼高校工業

【課題】

□機械：機械に関する基礎的技術

□電気・電子：電気・電子に関する基礎的技術

□建築・土木：建築・土木に関する基礎的技術

□デザイン：デザインに関する基礎的技術

〈携行品〉

・機械：実習服・実習帽・安全靴

・電気・電子：実習服・実習帽

・建築・土木：実習服・電卓・運動靴

・デザイン：実習服

▼高校商業

【課題】

□コンピュータの活用技術

※使用するソフトウェアはMicrosoft社のMicrosoft Word 2021,
　Microsoft Excel 2021(VBAを含む), Microsoft PowerPoint 2021です。
　コンピュータのOS は「Windows 11 Pro」です。

▼高校情報

【課題1】

□データの活用に関する問題

　「Office 2021」を使用。 なお, Excelを使用する際は,「分析ツール」
及び「分析ツール−VBA」のアドインが使用できる状態になっている。

【課題2】

□プログラミングに関する問題

次の開発環境を使用。

○Excel VBA(Visual Basic for Applications)

・プログラムの編集：Visual Basic Editor

・プログラムの実行：Excel 2021

○JavaScript

・プログラムの編集：Visual Studio Codeなど

・プログラムの実行：EdgeもしくはChrome

○Python

・プログラムの編集：Visual Studio Codeなど

・プログラムの実行：Chrome(Google Colaboratory)

　なお，各開発環境のヘルプ機能は参照しても構わないが，操作方法等をWeb等で検索することは禁止。

▼養護教諭

【課題】

□養護教諭の職務に関する基礎的技術

〈携行品〉

・動きやすい服装

2023年度　面接実施問題

◆集団面接(1次試験)　面接官2人　受験者5人　15分

▼全区分

　下記の3テーマから，当日指定する1テーマについて，集団討議を行う。

【テーマ】

□教員としての資質向上

□情報モラル教育の必要性

□児童生徒の可能性を引き出す指導

〈評価項目〉

(1)　健康度　困難を克服する精神力や健康性に関する評価

(2)　積極性　仕事に対する意欲や情熱に関する評価

(3)　共感性　児童生徒に対する共感性に関する評価

(4)　社会性　周囲とのコミュニケーション能力に関する評価

▼小学校全科

・テーマは3つあり，そのどれかが教室に入ってから発表される。

・司会を立てるかどうかは特に何も言われなかったので，立てずに話し合った。

・5人中，学生は2人，講師の方が3人だった。

・メモ用紙が渡され，自由にメモもできる。

・はじめに「一人一分以内で」との指示があった。

・A〜Eさんの名札を胸に貼り，AさんBさんというように呼び合った。

※面接会場配置イメージ

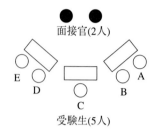

▼小学校全科

【テーマ】

□情報モラル教育の必要性

・入室から退室までで15分間。事前に発表されているテーマから，当日面接官が選んだものについて討論する。

・留意点として，1人1分以内で発言するということを伝えられる。ただし，1分以上発言してしまっても試験官によって止められることはなかった。

・私のグループは，本来なら5人グループだが1人欠席だったため，学生2人と講師2人で実施された。

▼小学校全科

【テーマ】

□児童生徒の可能性を引き出す指導

・事前にHPに3つのテーマが発表され，当日1つ指定される。

・試験10分前に控室から試験室へ移動。

・「入室後，アルファベット(A−E)が書かれた席へ→試験官よりテーマ発表→討論開始」という流れであった。

▼中学数学

【テーマ】

□教員としての資質向上

・積極的に発言するとよい。
・他の人の意見を聞いて，それに絡めて自身の意見を述べるとよいと感じた。

▼中学理科
【テーマ】
□児童生徒の可能性を引き出す指導
・事前に3つのテーマが公開され，当日に1つ指定される。
・時間の関係上，最初の入室および最後の退室する際の挨拶は省略しなさい，という指示があった。

▼高校国語
【テーマ】
□教員としての資質向上について
・司会は決めても決めなくてもよい。
・A～Eの順番が事前に決められる。
・メモを取ってもよい。
・グループは様々な年齢の5人であった。

▼高校書道
【テーマ】
□児童生徒の可能性を引き出す指導
・5人で半円になって討論する。
・司会者はおらず，話したい人が好きなタイミングで話せる雰囲気であった。
・とにかく話し手の方を見たり，大きくうなずいたりすることを意識した。
・1分以内で話すよう事前に説明があった。

▼養護教諭
【テーマ】
□情報モラル教育の必要性
・面接教室の前に5つのイスがあり，待機したあと入室。
・入室時の挨拶(ノックや入室時の礼など)は省略し，スムーズに入る
　よう指示があった。
・着席後すぐに面接官よりテーマの発表があり，構想時間はなく「は
　じめてください」の指示があった。
・司会は立てなくてもよい，意見を変えてもよい，結論は出さなくて
　もよい。
・残り3分で合図をする旨の説明があった。
・討論があまり盛り上がらず，沈黙しそうになった時に話を切り出す
　練習が必要だと思った。自分が一番始めに話し出すと，自分のペー
　スで討論が進み話やすいと感じた。

◆模擬授業(2次試験)　面接官3人　受験者1人　15分
　※受験区分に応じて，約15分の模擬授業を実施する。模擬授業では，
　　必ず黒板(ホワイトボード)を使用することとする。
　※ICTを活用した模擬授業の実施：中学校・特別支援学校区分(技術)／
　　中学校・特別支援学校区分(数学)／高等学校区分(数学)/ 中学校・特
　　別支援学校区分(社会)/ 高等学校区分(地理・歴史・公民)の受験区分
　　受験者には，ICTを活用した模擬授業を実施。その際，受験者が各
　　自，試験会場に持ち込むICT機器を必ず使用することとし，黒板(ホ
　　ワイトボード)は使用しなくてもよい。
　※模擬保健指導を実施：養護教諭区分受験者には，模擬授業にかえて
　　約8分間の模擬保健指導を実施し，黒板(ホワイトボード)を使用しな
　　くてもよい。
　※模擬授業の後に質疑応答がある。
　〈評定基準〉

次の評定項目に基づいて5段階評定で実施する。

(1) 教材内容に関する知識・理解：教科等の専門知識に関する評価

(2) 構成力：授業の構成に関する評価

(3) 声・表情・所作：教員としての所作等に関する評価

〈模擬授業の分野〉

試験当日，以下の各教科内容の分野から，具体的な教材が1つ提示される。

▼小学校全科

□国語(詩，随筆，近代以降の文語文)

□社会(我が国の農業や水産業における食料生産，我が国の歴史上の主な事象)

□算数(小数，分数，図形)

□理科(磁石の性質，雨水の行方と地面の様子，植物の発芽・成長・結実，てこの規則性)

※対象は小学校3～6年生

▼小学校特別支援

□領域・教科を合わせた指導

▼中学国語

□随想

□古文

□短歌

□スピーチ原稿

▼中学社会

□中世の日本

□地域調査の手法

※ICTを活用した模擬授業を実施

▼中学数学
□二次関数
□円周角の定理
※ICTを活用した模擬授業を実施

▼中学理科
□力の働き
□生物と細胞
□物質の成り立ち
□天体の動きと地球の自転・公転

▼中学英語
□助動詞
□比較表現
□現在完了進行形
□関係代名詞

▼中学家庭
□幼児の生活と家族
□住居の機能と安全な住まい方

▼中学技術
□エネルギー変換の技術
□情報の技術
※ICTを活用した模擬授業を実施

▼中学保体
□健康な生活と病気の予防

▼中学音楽
□歌唱
□鑑賞

▼中学美術
□デザイン・工芸
□絵や彫刻

▼中学特別支援
□領域・教科を合わせた指導

▼高校国語
□評論文
□短歌
□古文
□漢文

▼高校地歴公民
「地理」
□自然の環境と防災
□世界の気候
「日本史」
□国民国家と明治維新
□中世社会の展開
「世界史」
□国際秩序の変化や大衆化と現代的な諸課題
□ヨーロッパ世界の形成と展開
「公民」
□公共的な空間における人間としての在り方生き方
□公共的な空間における基本的原理

※試験当日，受験者が「地理」「日本史」「世界史」「現代社会，倫理，
　政治・経済」の中から1つを選択する。
※ICTを活用した模擬授業を実施

▼高校数学
□二次関数
□図形と方程式
※ICTを活用した模擬授業を実施

▼高校理科(物理)
□円運動と単振動
□光

▼高校理科(化学)
□化学反応と化学平衡
□物質の状態とその変化

▼高校理科(生物)
□代謝
□生態系

▼高校英語
□コミュニケーション英語Ⅰ

▼高校家庭
□子どもの生活と保育
□住生活と住環境

▼高校保体
□現代社会と健康

□生涯を通じる健康

▼高校音楽
□歌唱
□鑑賞

▼高校美術
□デザイン
□映像メディア表現

▼高校書道
□鑑賞
□漢字仮名交じりの書

▼高校看護
□器官系の構造と機能
□高齢者のアセスメント

▼高校福祉
□介護を必要とする人の理解と支援
□生活を支える社会保障制度

▼高校情報
□コンピュータとプログラミング
□情報通信ネットワークとデータの活用

▼高校農業
□農業生物の種類と特性

▼高校工業(機械)
□材料の強さ
□機械材料

▼高校工業(電気・電子)
□電気回路の要素
□直流回路

▼高校工業(デザイン)
□デザインと創造活動
□西洋のデザイン

▼高校商業
□身近な地域の課題
□固定資産

▼養護教諭
□修学旅行前の健康管理
□夏休み前の健康管理
※小学校6年生，中学校2年生対象

▼栄養教諭
□食に関する分野
※小学校1年生対象

▼特別支援学校
□領域・教科を合わせた指導

▼小学校全科

【課題】

□国語「春のうた」

・教科書のコピーは，廊下で待っている時に一斉に開くよう指示が出される。5分ほど授業を考える時間が与えられるので，そこで書き込みながら考える。

・教科書コピーは白黒のため，色ペンを用意しておくとよい。

・面接官はA～Cの3人が生徒役を担い，授業内で当ててもらって構わないと言われた。

・板書の字も見られているように感じた。

【質問内容】

□点数をつけるとしたら何点か。

□工夫点は。

□良かった点は。

□反省点は。

▼小学校全科

【課題】

□小学5年生　社会「野菜，果物，畜産の産地」

・試験5分前に教科書のコピーを渡され，その間に授業の構想を練る。その後，1分程度で授業のねらいと流れを話して，模擬授業開始。

・試験官を児童とみなして当ててもよい。

・机間指導は行ってもよいが，面接室の椅子よりも前に出てはならない。

【質問内容】

□自己評価。

□良かった点，悪かった点。

□ICTを活用するならどこか。

▼小学校全科

【課題】

□小学4年　詩「春のうた」

・課題は，控室から出た廊下で中身が見えないように折られた状態で
配布。

・面接室の前で入室5分前に中身を見てよいとの合図が出る。

・面接官を必要であれば児童に見立てる。→ 一度だけ挙手があった
ので指名した。

【質問内容】

□自己評価とマイナス点の理由。

□改善する手立ては。

□この後の展開は。

□一番学ばせたいことは。

▼中学数学

【課題】

□ICTを使った模擬授業「関数$y=ax^2$の値の変化」

【質問内容】

□自己評価は何点か。

□うまくいった点，いかなかった点は。

・その他，追質問が2つ程度あった。

・架空の生徒を当てて，イメージしながら行った。

・教科書の範囲が事前に示されるので，資料(パワポで作成)を丁寧に
作り，たくさん練習を行うことで自信を持って本番に臨めた。

・本番，思ったより進まなかったが，ゆっくりでも堂々と話すことを
意識した。

▼中学理科

【課題】

□重さと質量

【質問内容】

□模擬授業の自己評価(点数とその理由)。

□工夫した点は。

□どれくらいのレベルの生徒を想定して，授業を行ったか。

□この授業で，学力が低い生徒は本当に理解できると考えているか。

□小学校の既習内容を復習で触れていなかったが，どう考えているか。

・試験室入室5分前に教科書のコピー(中学校1年・物理・啓林館)が配布され，見てもよいとの指示がされる。

・その後，試験室に入室し，模擬授業を開始する。

・チョークは白・黄・赤のみ用意されている。

▼中学音楽

【課題】

□早春賦

・入室する前に教科書のコピーを渡され，5分間構想をする。

・入室前1分間でねらいと授業の流れを説明する。

・試験官をAさんBさんCさんとして授業を行う。

【質問内容】

□模擬授業の点数は。

□上手くいかなかった点。

　→マイナス点はどうすれば埋まるか。

□今後の展開について。

▼高校書道

【課題】

□漢字の変遷

・授業を行う前に，「授業の目当て」と「授業の流れ」を1分で言う。

・ホワイトボードを使うよう指示あり。

・面接官を生徒に見立てて，発問・指名してもよい。

　→発問したら答えてくれる。

・目線や動きをよく見られていた気がした。

▼養護教諭
【課題】
□学年集会で，中学2年生を対象とした夏休み前の保健指導について
・入室前にテーマが書かれた紙を渡され，6分間の構想時間のあと，面接教室に入室する。
・模擬保健指導は5分間で，開始前1分で保健指導の説明，終了後2分で保健指導に対する質問
・構想に使用した紙を見ながら保健指導をしてもよい，発問だけで終了せず，中心発問まで行うように指示があった。

◆個人面接(2次試験)　面接官3人　25分(養護教諭区分は32分)
　※場面指導(学校現場において想定される生徒指導や保護者対応等)に関する試問を含めて実施する。
　〈主な試問例〉
　□願書の記載内容について
　□志望動機について
　□理想の教員像について
　□これまで努力してきたこと
　□教育法規等
　※すべてが全員に必ず試問されるとは限らない。
　〈評定項目〉
　個人面接試験は次の評定項目に基づいて5段階評定で実施する。
　(1)　態度・表現力　表情や話し方に関する評価
　(2)　意欲・積極性　仕事に対する意欲や情熱に関する評価
　(3)　判断力　状況に応じた判断力に関する評価
　(4)　専門性　教科科目の専門的指導力に関する評価
　(5)　将来性　教員としての資質や人間性に関する評価

▼小学校全科

【質問内容】

□大学には自宅から通っているか。

□中高免許を持っているが，初めから小学校志望なのか。

　　→なぜ小学校を志望するのか。

□泳げないことについて何か対策するつもりか。

□音楽の免許を持っていると専科になりやすいがいいか。

□勤務地はどこ希望か，兵庫県は広いが大丈夫か。

□体育が苦手ということだが，他に苦手な教科は。

□あなたのよさは。

　　→その具体的なエピソードについて。

□どんなボランティアをしてきたか。

　　→ボランティアで得たことは。

　　→その得たことをどう教育現場に生かすか。

□コツコツするのが難しい児童への対応は。

□人生の中で一番感動したことは。

□あなたはどんな先生になりたいか。

【場面指導】

□授業中に机に突っ伏してわからないと言っている児童にどう対応するか。

　　→具体的に，低学年，高学年それぞれにどのように声をかけるか。

□宿題をしてこない児童にどう対応するか。

▼小学校全科

【質問内容】

□志望動機。

□(願書から)ボランティアについて。

□(願書から)教師になってやりたいことは。

□(願書から)部活動について。

□体罰について。

□はまっていること，好きなこと。

□保護者対応について。

□(ICTについて)具体的な活用方法は。

□(ICTについて)今後どうなるか。

・圧迫的な感じではなく，とても優しい雰囲気だった。

・はじめに，答えは短く端的に話してくださいと言われた。

・1度答えた内容に対して追質問が多かった。

・今までの経験から，それをどう生かしていくかを聞かれることが多かった(特にボランティア，部活動)。

・兵庫県の教育の施策などについては一切聞かれなかったが，事前に出来るだけたくさん調べて知っておくほうがよいと感じた。

▼小学校全科

【質問内容】

□自己PR。

　→10年剣道を続けてこられた原動力は。

　→子どもたちにどう伝えたいか。

□志望理由

　→憧れの先生がいるとのことだが，その先生の魅力は。

□教師になったら優しく指導するか，厳しく指導するか。

□ボランティアを通して学んだことは。

　→困ったことはあったか。

□実習でのエピソード(苦労したこと，一番心に残っていることは)。

□パフォーマンス課題を用いた授業で子どもに学んでほしいことは。

【場面指導】

□教室に飾っている子どもの作品が壊れていた。そのときどう対応するか。

　→誰も何も言わなかったらどうするか。

□コロナで気持ちが沈んでしまっている子どもも多い中，運動会が開催されることになった。あなたはどうクラスを動かすか。

　→目標設定は誰がするのか。

▼中学数学
【質問内容】
□志望動機。
□教員を志すきっかけは。
□どんなボランティアを行ってきたのか。
□教育実習はどんな学校に行ったか。
□中学教員に必要な資質は。
□上司とのコミュニケーションの取り方について。
□ストレス解消法は。
□サークルについて。
□部活動での自分の役割は。
□高校ではなく中学志望の理由は。
【場面指導】
□保護者から，「携帯を持たせた結果，勉強時間が減ったので，学校
　で預かってもらえないか」と電話があった。その後どう対応してい
　くか。

▼中学理科
【質問内容】
□志望動機。
□教育実習で学んだこと，苦労したこと。
□教育実習で担当した授業の内容は。
□ボランティア活動(自己PR)について。
□自己PRの内容を学校現場でどう生かすか。
□中学時代の授業で，足りないと感じた部分は。
□理科の勉強で現在頑張っていることは。
□卒業研究のテーマについて。
【場面指導】

□生徒同士のトラブルにより，保護者同士で利害関係の問題が生じた
　とき，どのような対応をするか。
□教員はよく世間知らずと言われる。あなたはどう思うか。また，ど
　のような対応をするか。
□連続で学校を欠席している生徒がいた場合，どのような対応をする
　か。

▼中学音楽
【質問内容】
□併願状況(就職も)。
　→もし落ちたらどうするか。
□教員の志望動機。
　→音楽で思いを表現するとはどういうことか。
□今までで感動したことは。
□ボランティアで学んだことは。
□チーム学校の一員として何ができるか。
□1ヶ月，1年の残業時間は。
□教師として採用されたら何を一番したいか。
□音楽が苦手な生徒にどう対応するか。
□部活での困難，やりがいは。
□教育実習で困ったこと，成果は。
□ストレス発散方法は。
□長所について。
　→周りからどのような人と言われるか。
□令和の日本型教育で求められる2つの資質は。
　→それを生かした授業実践例について。
【場面指導】
□スマホの使いすぎで勉強しないから，学校で預かってほしいと保護
　者に言われたらどのように対応するか。
□保護者から，いじめられているようなので学校を休ませる，と連絡

があった。どのように対応するか。

▼高校書道

【質問内容】

□願書に書いていることについての確認・質問。

□講師をしている勤め先での授業について。

□芸術的に見た書道とは。

□書道で生徒は何を学ぶのか。

□これだけは自慢できるということについて。

□あなたの弱みは。

【場面指導】

□保護者から「子どもの塾の宿題が多いから，学校の宿題を減らして
　ほしい」と相談されたら，どう対応するか。

・はじめに「1分以内で短く」と言われた。

・1つのことに何度も追質問された。

・面接の雰囲気は穏やかだった。

▼養護教諭

【質問内容】

□志望動機。

□実習の校種は。

　→実習で印象に残っている出来事は。

□自分にまだ足りない資質は。

　→どのように身に付けるか。

□大学では主体的に何に取り組んだか。

　→研究テーマを，学校でどう生かすか。

□ICTやグループワークを学校でどのように活用するか。

□実習先の学校で保健室のルールは何かあったか。

□保護者に連絡するときに何に気を付けるか。

□実習やボランティア先の学校の健康課題は何か。

　　→どんな対策が必要か。

□養護教諭に必要な資質3つは。

　　→どのように身に付けるか。

【場面指導】

□ある子どもに内科検診で背中に内出血が複数見られた場合，どのように対応するか。

　　→具体的に対象の子どもにどのように声をかけるか。

□「特定の授業だけトイレに頻繁に行く子どもがいる」と担任教諭から相談されたらどうするか。

　　→授業が嫌でトイレに行っていたことが分かった場合，子どもになんと声をかけるか。

・ロールプレイではなく「このような場合どうしますか」と，一問一答形式で行われた。

◆実技試験(2次試験)

〈全教科共通携行品〉

・受験票，筆記用具(鉛筆，消しゴムを含む)，上ばき

▼小学校全科・小学校特別支援

【音楽課題】

□歌唱「ふるさと」(文部省唱歌)

※無伴奏

□器楽「とんび」(文部省唱歌)

※キーボード，鍵盤ハーモニカまたはソプラノリコーダーのいずれかを選択して演奏

〈携行品〉

※歌唱，器楽ともに楽譜を見ながらの演奏も可(会場の楽譜を使用すること)。

※器楽にて，キーボード以外の楽器(鍵盤ハーモニカ，ソプラノリコーダー)を使用する場合は，各自で持参する。

ふるさと

文部省唱歌

とんび

【体育課題】

□器械運動(マット運動)

①側方倒立回転

②前転からジャンプ $\frac{1}{2}$ ひねり

③伸膝後転

※上記①～③を連続して行う。

□ボール運動　バスケットボール(5号球)

①パス，ピボット

②ドリブルからジャンプシュート(レイアップシュート)

③ジグザグドリブル

※上記①～③を連続して行う。

〈携行品〉

・運動のできる服装，体育館シューズ

※試験当日は更衣室での密集を回避するため，会場へ来る際は，運動しやすい服装で来場すること。

▼中学・技術

【課題】

□ものづくりに関する基礎的技術

実技試験で製作する製品の構想図は次のとおりです。

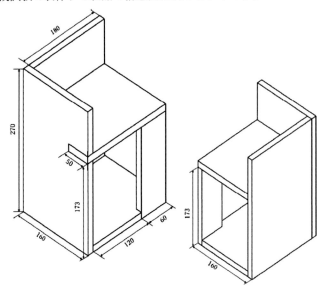

※板の厚さは、全て 13 mm とします。
※寸法の単位は、mm とします。

□コンピュータの活用に関する基礎的技術

実技試験で使用するソフトウェアは，Microsoft 社のMicrosoft Excel 2016(VBAを含む)，Microsoft PowerPoint 2016 です。コンピュータのOSは「Windows 10 Pro」です。

〈携行品〉

・実習服及び運動靴

▼中学・高校理科
【課題】
□実験・観察
〈携行品〉
・実験用白衣

▼中学・高校英語
【課題】
□英語によるコミュニケーション能力テスト
〈携行品〉
・辞書(電子も可)。ただし，携帯電話，タブレット端末の辞書機能は不可。

▼中学・高校音楽
【課題】
□新曲視奏(アルトリコーダー)
□弾き語り
※弾き語り「赤とんぼ」は，2番まで演奏すること。繰り返しの際，前奏は不要。
□和楽器演奏(任意の楽器，任意の曲)
※選考試験係で用意する楽器は，箏・長銅太鼓・和太鼓のみ(長銅太鼓は据え置き台で用意)。
※和太鼓のばち，箏の爪，その他の和楽器は，各自で用意する。
□専門実技
※演奏時間が長い場合は，途中で打ち切ることがある。
〈携行品〉
・アルトリコーダー，専門実技に使用する楽器
※専門実技，一般実技とも楽譜を見ながら演奏しても構わない。

※譜面台は選考試験係で用意。

※調弦等は各自で速やかに行うこと(チューナーを使用しても構わない)。

※選考試験係で用意する打楽器は，マリンバ，ティンパニ(23,26,29,32インチ)のみ。マレット，スティック等は，各自で用意する。

赤とんぼ

三木露風 作詞／山田耕筰 作曲

2番まで演奏すること
繰り返しの際、前奏は不要

▼中学・高校家庭

【課題】

□被服，食物に関する基礎的・基本的な技術

〈携行品〉

・裁縫用具，実習用白衣，三角巾

▼中学・高校保体

【課題】

□器械運動

□陸上競技

□水泳

□球技(バスケットボールまたはバレーボール)

□武道(柔道または剣道)またはダンス

〈携行品〉

・運動のできる服装，体育館用シューズ，屋外用シューズ，水着，水泳帽(ゴーグルの使用可)，柔道衣または剣道用具またはダンスのできる服装

▼中学・高校美術

【課題】

□鉛筆デッサン

□基礎デザイン(色彩構成)

〈携行品〉

・鉛筆デッサン用具一式，平面デザイン用具一式(ポスターカラー等)，30cm直定規

※上記用具には画板(カルトン)を含む。

▼高校書道

【課題】

□毛筆・硬筆

〈携行品〉
・書道道具一式(2B鉛筆含む), 30cm直定規

▼高校工業
【課題】
□機械：機械に関する基礎的技術
□電気・電子：電気・電子に関する基礎的技術
□建築・土木：建築・土木に関する基礎的技術
□デザイン：デザインに関する基礎的技術
〈携行品〉
・機械：実習服・実習帽・安全靴
・電気・電子：実習服・実習帽
・建築・土木：実習服・電卓・運動靴
・デザイン：実習服

▼高校商業
【課題】
□コンピュータの活用技術
※使用するソフトウェアはMicrosoft社のMicrosoft Word 2016,
　Microsoft Excel 2016(VBAを含む), Microsoft PowerPoint 2016です。
　コンピュータのOSは「Windows 10 Pro」です。

▼高校情報
【課題】
□プログラミングに関する問題
次の3つの開発環境の中から任意のものを当日に1つ選択する。
○Excel VBA(Visual Basic for Application)
・プログラムの編集環境：Visual Basic Editor
・プログラムの実行環境：Excel 2016
○JavaScript

・プログラムの編集環境：Visual Studio Codeなど

・プログラムの実行環境：Chrome

※Edgeはコンピュータの環境上，使用することができない。

○Python

・プログラムの編集環境：Visual Studio Codeなど

・プログラムの実行環境：IDLE(Python付属の統合開発環境)

※なお，各開発環境の使用にあたり，各ソフトウェアのヘルプ機能を参照しても構わないが，操作方法等をウェブで検索することは禁止する。

□データの活用に関する問題

「Office 2016」を使用する。

※なお，Excelを使用する際は，「分析ツール」及び「分析ツール-VBA」のアドインが使用できる状態になっている。

▼養護教諭

【課題】

□養護教諭の職務に関する基礎的技術

〈携行品〉

・動きやすい服装

▼小学校全科

【音楽課題】

□歌唱「ふるさと」(文部省唱歌)

・無伴奏，任意の調。

・1人ずつ教室に入って実施。

・本番の前に，歌い出しの音の確認と声出しをすることができる。

□楽器「とんび」(文部省唱歌)

・キーボード，鍵盤ハーモニカまたはソプラノリコーダーのいずれかを選択して演奏する。

・キーボード以外の楽器を使う場合は各自で持参するが，持参してい

る人を見かけなかったため，おそらくキーボードを使う人がほとんどだと思われた。

※歌唱，器楽ともに楽譜を見ながらの演奏が可能。楽譜は会場の楽譜を使用する。新型コロナウイルスの影響もあるのか，試験官との距離は2m以上離れていた。

【体育課題】

□器械運動(マット運動)

・「側方倒立回転→前転からジャンプ$\frac{1}{2}$ひねり→伸膝後転」を連続して行う。

・本番の前に，全体で簡単な準備運動と，1度だけ最初から最後までの技を通して1人ずつ練習する時間が設けられている。

・マットに手を着く前にアルコール消毒をするため，少し滑ったといっている学生もいた。

□ボール運動(バスケットボール(5号球))

・「パス(試験官に投げる→投げられたものを受け取る)→ピボット3回程度→ドリブルからのジャンプシュート(レイアップシュート)→ジグザグドリブル」を連続して行う。

▼小学校全科

【音楽課題】

□歌唱「ふるさと」

□楽器「とんび」

・1人ずつ入室する。

・初めの音だけ音取りできる。

・10秒だけ発声できる。

【体育課題】

□バスケ

①チェストパス・ピボット，②レイアップシュート，③ジグザグドリブル，④ジャンプキャッチ

□マット運動

・バスケ，マット運動ともに1回ずつ練習できる。

・初めに試験官が手本を示してくれる。

・床が滑りやすい印象であった。

▼小学校全科

【音楽課題】

□歌唱「ふるさと」

□キーボード「とんび」

・歌唱はキーボードを使って，はじめの音の声だしができた(10秒ほど)。

・マスクを外しての実演であった。

・器楽は，キーボード，リコーダー，鍵盤ハーモニカから選択できる。

・キーボードの演奏は，座ったままでも立ってでもよいが，いすが低めのため，立った方が弾きやすいと感じた。

【体育課題】

□バスケットボール

①パス→ピボット

②ドリブル→ジャンプシュート

③ジグザグドリブル

□器械運動

①側転倒立回転

②前転→$\frac{1}{2}$ひねり

③伸膝後転

・1つの教室に20名ほどで，それが1グループ。体育館は同じ時間に2グループが体育館内でバスケと器械運動を交代して試験を行う。

・それぞれ試験前に説明と1回練習する時間あり。

・器械運動は靴下も脱ぐため，足先まで意識して行うよう指示あり。

・バスケはピボットの足の使い方，レイアップの足の運び方，ジグザグドリブルの姿勢などを見ていると感じた。

▼中学理科

【課題】

□電熱線を使って，水の温度を上昇させる実験

(1) 乾電池1個を用いて，電流・電圧を測定し，抵抗値・電力を計算で求める。

(2) 乾電池5個を直列でつないで，電流・電圧を測定し，抵抗値・電力を求めた後，加熱時間と水の温度を測定する。

・試験室に入室後，机の左側に荷物を置き，右側で実験を行う。試験開始後，問題用紙を見て，個人実験(30分)を行う。

・問題用紙は，1枚目：表紙(注意事項)，2枚目：実験操作(簡潔な説明しかない)，3枚目：解答用紙(実験(1)(2)に関するデータの記入，実験(2)のグラフ作成，考察課題など)であった。

▼中学音楽

【課題】

□リコーダー新曲試奏

□和楽器

□弾き歌い

□専門実技

・1人ずつリコーダー，弾き歌い，和楽器の順に進み，全員終了後，10分の音出しをしてそれぞれの実技を行う。

・とても待ち時間が長かった。

・リコーダーは1分間見た後に演奏。アーティキュレーションが多い。高音はあまり出てこなかった。

・専門実技では，3〜4分で止められた。

▼高校書道

【課題】

□古典臨書(半紙)　3種類

□漢字仮名交じり　創作(半紙)

□仮名創作(半紙)

□漢字創作(半切)

□賞状　縦書き

□封筒　宛名・差出人　横書き

・受験者6名のうち，3名が同室で実施。

・とにかく時間がないため，とりあえず全課題を済ませてから，修正したいものを修正していく方がよいと感じた。

▼養護教諭

【課題】

□右鎖骨骨折時の固定を2枚の三角巾で行う。

・鼻骨骨折を行った時の処置，視診，問診などはすべて声に出して行うこと。

・鼻出血の処置は対処置に行わせること。声に出して指示すること。

□学校生活管理指導表に基づいて，アナフィラキシーショックの対応を行う。

【口頭試問】

□アナフィラキシーショック時，児童が吐きたいのでトイレに行きたいといった場合どうするか。

□救急車が到着し，救急隊に引き継ぐ場合，どのような情報を伝えるか。

・口頭試問で知識も聞かれるので，筆記試験が終わった後も参考書は読み続けたほうよい。

2022年度　面接実施問題

◆集団面接(1次試験)　面接官2人　受験者5人　15分
　▼全区分
　　下記の3テーマから，当日指定する1テーマについて，集団討議を行う。
　【テーマ】
　□ICTの導入により学校はどう変わるか
　□児童生徒が安心して学べる学校にするために
　□これからの教員の使命
　〈評価項目〉
　(1)　健康度　困難を克服する精神力や健康性に関する評価
　(2)　積極性　仕事に対する意欲や情熱に関する評価
　(3)　共感性　児童生徒に対する共感性に関する評価
　(4)　社会性　周囲とのコミュニケーション能力に関する評価

　▼小学校全科
　※集団討論は通常は20分間で実施されるが，コロナ感染症防止の観点
　　から15分間に短縮された。
　※入室から退室までで15分間。事前に発表されているテーマから，当
　　日面接官が選んだものについて討論する。
　※留意点として，1人1分以内で発言すること。
　※最初にテーマと注意事項，何分で討議するか言われ，後は自分たち
　　で進める。司会者は立てない。
　【テーマ】
　□これからの教員の使命
　・1人1枚ずつ白紙が用意されており，メモをとってもよい。メモの内
　　容は合否と全く関係ない。メモは終了後に回収。

・1分以上続けて話すと注意される。
・司会者がいないので，話がそれてしまうことがある。常に軸を持っておくこと。

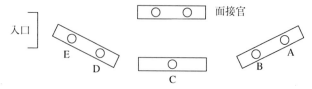

▼小学校全科

【テーマ】

□児童・生徒が安心して学べる学校にするために

・事前に3つのテーマがホームページに提示されるので，それぞれのテーマについて自分の考えを持っておこう。
・"討論"なので，よりよい教育に向けて話し合うという意識を常に持って取り組む。
・自分の経験を話すとよいと思う(ボランティア，バイトなど)。

▼小学校全科

・受験者5人中，現役大学生は自分1人だった。現場経験がある受験者は，学校で実際にICTを使用していることや，子どもたちの様子を主に話していた。
・「知らなかったことが自分の学びになる」「現場ではそのような状況なのか」と考え，それを踏まえて自分の考えを述べることが大切。
・討論の練習では，なるべくさまざまな人と練習することがおすすめ。多くの人の新しい考えが自分のものになると思う。
・本番では全員がまんべんなく話せることが望ましいので，発言は1人3回程度。

▼中学国語

【テーマ】

□ICTの導入により学校はどう変わるか

　　→ICTを導入することによって，授業のスタイルが変わり，「主体的・対話的で深い学び」に近づくことや一人一人に合った指導ができること，健康チェックができることなどが挙げられた。

　　→デメリットとして，学校や勉強が苦手な生徒が，家でも勉強のことで追い込まれないように(一人一台タブレットがあり，授業等を送ることができるからこそ)配慮が必要との意見が出た。

▼中学数学

【テーマ】

□これからの教員の使命

・受験者には，それぞれA～Eの名前が割り振られる。

・特に司会を立てる必要はない。途中で意見が変わってもよく，それによって評価は変わらない。

・時間内に話をまとめる必要はない。

・机に用紙が置かれているのでメモをとってもよい。

▼中学理科

【テーマ】

□ICTの導入により学校はどう変わるか

・メモ用紙が用意されていたので，書きながら話し合えた。

・進行の仕方も全て委ねられるので，自分から発言することが大切。

・要項に評定の項目も載っているので，その点に気を付けながら討論を行った。

▼高校国語

【テーマ】

□生徒が安心してすごせる学校づくり

・昨年同様，コロナ対策のため受験生は8人→5人に変更された。

▼高校地歴
【テーマ】
□ICTの活用について
・受験者に1人欠席者がいたため4人(現役の講師2人，学生2人)で実施した。
・講師の方は現場での体験を踏まえた話，自分ともう1人の学生は学校で習った知識について話した。
・内容よりも協調性が大切だと思った。

▼高校数学
【テーマ】
□これからの教員の使命
・入退室時のあいさつはなく，素早くグループの入れ替わりがなされる。
・着席後テーマが発表され，受験者による自由な意見交換がなされる。
・全員が共有できるような話の流れを心掛けるとよい。
・自分の経験を披露する場合は，そこで話が止まることのないようにするとよい。

▼養護教諭
【テーマ】
□児童生徒が安心して学べる学校にするために
・面接官から初めにテーマを出される。発言は1分以内で簡潔に話すよう指示される。その後，受験者だけで自由に討論する形。
・自分の意見を一つでもいいので持っておくこと。他の方の意見は否定せず，肯定しながら自分の意見を述べるのがいいと思う。
・面接官が正面に座っていたため緊張してしまい，前を見ずに横に座っている受験者の方を見ながら意見を述べた。前を見て発言しても

よかったかもしれないと思った。

・とにかく落ち着いて受けることが一番だと思う。

◆模擬授業(2次試験)　面接官3人　受験者1人　15分

※受験区分に応じて，約15分の模擬授業を実施する。模擬授業では，必ず板書を使用することとする(ただし，養護教諭区分受験者には，模擬授業にかえて，約8分間の模擬保健指導を実施し，板書を使用しなくてもよい)。

※模擬授業の後に質疑応答がある。

※ICTを活用した模擬授業の導入について：中学校・特別支援学校区分(技術)／中学校・特別支援学校区分(数学)／高等学校区分(数学)でICTを活用した模擬授業を実施。

〈評定基準〉

次の評定項目に基づいて5段階評定で実施する。

(1)教材内容に関する知識・理解：教科等の専門知識に関する評価

(2)構成力：授業の構成に関する評価

(3)声・表情・所作：教員としての所作等に関する評価

〈模擬授業の分野〉

試験当日，以下の各教科内容の分野から，具体的な教材が1つ提示される。

▼小学校全科

□国語(詩，物語，説明文)

□社会(我が国の産業と情報との関わり，我が国の歴史上の主な事象)

□算数(数と計算，図形，変化と関係)

□理科(光と音の性質，人の体のつくりと運動，電流がつくる磁力，水溶液の性質)

※対象は小学校3〜6年生。

▼小学特別支援
□領域・教科を合わせた指導

▼中学国語
□詩
□随筆
□説明的な文章
□古文

▼中学社会
□民衆の成長と新たな文化の形成
□日本の地域的特色と地域区分
□近現代の日本と世界
□国民の生活と政府の役割

▼中学英語
□比較
□文型
□分詞
□仮定法

▼中学数学
□比例
□一次関数
□関数
※ICTを活用した模擬授業を実施

▼中学理科
□動物の身体の共通点と相違点
□地震の伝わり方と地球内部のはたらき

□化学変化における酸化と還元
□電流がつくる磁界

▼中学音楽
□歌唱
□鑑賞

▼中学家庭
□日常食の調理と地域の食文化
□消費者の権利と責任

▼中学技術
□双方向性のあるコンテンツによる問題解決
※ICTを活用した模擬授業を実施

▼中学保体
□健康な生活と病気の予防
□健康と環境

▼中学美術
□絵画
□彫刻
□デザイン

▼中学特別支援
□領域・教科を合わせた指導

▼高校国語
□論理的な文章
□詩

　　□古文
　　□漢文

　　▼高校地歴公民
　　「世界史」
　　□西アジア世界・地中海世界
　　□イスラーム世界の形成と拡大
　　□産業社会と国民国家の形成
　　□帝国主義と社会の変容
　　「日本史」
　　□古代国家の推移と社会の変化
　　□中世社会の展開
　　□明治維新と立憲体制の成立
　　「地理」
　　□世界の気候
　　□世界の農業
　　□世界の貿易
　　□現代世界の諸地域
　　「現代社会，倫理，政治・経済」
　　□青年期と自己の形成
　　□現代の民主政治と政治参加の意義
　　□現代経済の仕組みと特質
　　□現代の国際政治
　　※試験当日，受験者が「世界史」「日本史」「地理」「現代社会，倫理，
　　　政治・経済」の中から1つを選択する。

　　▼高校英語
　　□コミュニケーション英語Ⅰ

▼高校数学
□二次関数
□軌跡
□指数関数
※ICTを活用した模擬授業を実施

▼高校理科(物理)
□斜方投射
□熱と温度

▼高校理科(化学)
□物質量と化学反応式
□物質の状態とその変化

▼高校理科(生物)
□生物の体内環境
□植物の環境応答

▼高校音楽
□歌唱
□鑑賞

▼高校美術
□絵画
□映像メディア表現

▼高校家庭
□生活の自立及び消費と環境

▼高校保体
□現代社会と健康
□生涯を通じる健康

▼高校書道
□日本及び中国等の文字と書の伝統と文化
□仮名の書

▼高校看護
□器官系の構成と働き
□身体の清潔の援助

▼高校福祉
□介護の意義と役割
□生活を支える社会保障制度

▼高校情報
□情報通信ネットワークとコミュニケーション
□コンピュータと情報通信ネットワーク

▼高校農業
□育成環境の要素
□環境の調査・保全・創造

▼高校工業(機械)
□機械に働く力と運動
□機械部分に生ずる応力とひずみの関係

▼高校工業(電気・電子)
□電気抵抗

□トランジスタ

▼高校工業(デザイン)
□近代のデザインの成立と展開
□デザインの概要と創造活動

▼高校商業
□経済の基礎
□セキュリティ管理の基礎

▼養護教諭
□熱中症予防
□むし歯予防
※小学校4年生，中学校2年生対象。

▼特別支援学校
□領域・教科を合わせた指導

▼栄養教諭
□食に関する分野
※小学校1年生，2年生対象。

▼小学校全科
【課題】
□4年生理科「人の動きと筋肉伸縮の関係」
※面接室への入室直前(5分前)に教科書見開き1ページのコピーが渡される。
※5分間で構想する。
※導入〜終了まで完結させる必要はないが，展開の部分まで必ず入れる。

※指示を受けた後，授業の流れを説明する。

※コピーに書き込みをし，見ながら授業を行ってもよい。

※授業の際，面接官に児童役をしてもらうかどうか選択できる。

【質問内容】

□模擬授業でよかった点と改善点はどこだと思うか。

□(ICTを活用したので)他の教科では，ICTをどのように使うか。

□自己評価(100点中何点か)。

・例年よりも範囲が広かった。

・範囲は事前に発表されるが，正直全てを対策するのは難しい。

・まんべんなく全ての教科を対策するのが望ましいと思う。

・各教科，どの分野が出てきてもよいように，自分のルーティンを決めて授業を行った。

▼小学校全科

【課題】

□5年生社会「我が国の産業と情報の関わり(第3，4時)」

【質問内容】

□工夫した点はどこか。

□この単元は練習していたか。

□発表が苦手な子に対してどうするか。

□評価をどのようにするか。

・構想時間がかなり短い。自分は5分強時間があったが，他の受験者は3分程度しかなかったと言っている人もいた。

・コピーにさっと目を通し，授業の流れに沿って番号をふるとやりやすいと思う。

・子どもたちが目の前にいると想定してクラス全体を見渡したり，自力解決の時に困っている子どもがいると想定して机間指導をしたりした。

・絶えず子どもたち全員のことを気にかける姿勢が大切。

・導入だけで終わらせず，時間配分を考えながら展開に入る方がよい。

・面接試験はとにかく「明るく，元気に，さわやかに」。「子どもが好き！　先生になりたい！」という気持ちを態度と言葉で伝えることが大切。

▼小学校全科
【課題】
□4年生理科「筋肉のはたらき」
【質問内容】
□どこが主体的・対話的なのか。
□どうやって深い学びにするのか。
・自分が対策していた教科書と違う教科書からのコピーを渡されたので焦ったが，笑顔で実施した。
・授業はあまり上手くできたと思えなかったが，雰囲気が大切なのだと感じた。

▼小学校
【課題】
□6年生算数「比例のグラフ」
・学生はまだ本格的な授業をしたことがないので，完璧を目指すのではなく，"自分らしさ"を出す。「めあて」の書き方を工夫なするなど，どの授業にも使えるような工夫点を持っておくとよい。
・模擬授業後には，「工夫した点はどこですか」と聞かれるので初めから用意しておこう。
・笑顔・表情・話し方をチェックされる。

▼中学国語
【課題】
□島崎藤村『初恋』
・面接官3人を生徒役として授業をする。
・授業のはじめに，授業のねらいとどんなことをするか，簡単に述べ

る。

・面接官が(思っていたよりも)答えてくれた。生徒とのやり取りを意識してやるのがいいと思う。

▼中学数学
【課題】
□比例の表・グラフ
・事前に課題が分かっており，当日3つの課題の中から指定される。
・授業開始前に，ねらいと展開を1分で説明する。
・今年度からICTを用いた授業を展開しなければならない。
　→タブレットを用いた。
・タブレットの画面をプロジェクターで映して，映すシートにホワイトボードのマーカーで書き込めるようになっている。
・面接官は生徒役をしてくれる。
・必要であれば黒板を使ってもよい。

▼中学理科
・事前にホームページで4つの単元が掲示され，そのうち1つについて模擬授業を行う。
・教育実習等で購入した教科書の熟読と，1回は黒板を使って板書練習を行うべき。
・最初に大きな声で号令したことで，少し緊張が溶け，楽しく授業することができた。
・残り3分で，反省点や改善方法についての質問もあった。

▼中学英語
【課題】
□Ifの仮定法
・最初の1分で学習のねらいと1時間の流れを説明してから授業を12分実施する。

・面接官を生徒役に見立てる。

・導入やICTの使用方法で終わらないように注意する。

▼中学音楽

【課題】

□「花の街」(歌唱)

・試験室の前で5分ぐらい構想の時間がある。

・授業の初めから始めて，必ず展開に入る。

・板書を必ず使う。

▼中学家庭

【課題】

□持続可能な食生活

・本時の流れ説明(1分)→本時のねらいなど(1分くらい)→模擬授業(13分くらい)

・開始5分前に教科書のコピーを与えられ，5分で構想し，めあてや流れを考える。

・模擬授業を終えてから面接に移るので，模擬授業は自信をもってやりきれると，その次の面接に大きくつながってくると思う。

▼高校国語

・入室後，受験番号と名前を言って着席後，最初に模擬授業の説明がある。授業に入る前に設定，ねらいの説明を1分で行う。

・終了後，振り返りを行う。反省点や改善点。

・導入のみで終わらず，必ず展開まで授業を進めること。

・板書は必ず行うこと。

・自分が座る椅子より面接官側への移動は禁止。

・ICTが活用できる題で授業する(机間巡視などは禁止)。

・ICTの活用について，自分のスキルを高めておき，模擬授業で活用できるアピールをするべき。

▼高校地歴

【課題】

□明治維新と立憲政体の樹立

・5分間で構想し，12分間で模擬授業をする。

・完結しなくてもいい。

・模擬授業の後で質疑応答がある。

【質問内容】

□さっきの自分の授業は何点だと思うか。

□改善点は何か。

　　→どのようなところに気をつけたいか。

　　→やりなおすならどうするか。

　　→ねらいは何か。

▼高校数学

【課題】

□指数関数と対数関数

・タブレットとスクリーンは自分でつなげないといけない。

・何か機器にトラブルが生じても，授業開始前であれば待ってくれるので落ち着いて行うこと。

▼高校英語

【課題】

□オランダと日本のつながりに関するトピック(コミュニケーション英語Ⅰ教科書より)

・面接官に指名すると生徒役をしてくれる。

・授業後にこの後の授業の流れ，板書計画を聞かれた。

▼高校保体

【課題】

□医療制度とその活用

・事前に大まかな範囲がホームページにて公開される。

・入室前に教科書のコピーが配られ，5分ほどで構想を考える。

・最初に「本時の授業のねらい」と「50分の授業の流れ」を1分程度で説明する→残り12〜13分で授業。

・面接官を生徒役(「Aさん」「Bさん」のように)に見立てて授業をする。生徒役に当ててもよい。

・展開の途中で終了になっても問題ない。

　→終了後，「授業の自己評価」「100点満点中何点か」と聞かれた。

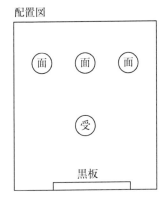

配置図

面＝面接官
受＝受験者

▼養護教諭

【課題】

□熱中症予防

□むし歯予防

・それぞれ事前にテーマが発表されていたため，指導案を考えておく。

・配点が高いため，しっかりと準備しておくことが大切。

◆個人面接(2次試験)　面接官3人　25分(養護教諭区分は32分)

　※場面指導(学校現場において想定される生徒指導や保護者対応等)に

　　かかる試問を含めて実施する。

〈主な試問例〉

□願書の記載内容について

□志望動機について

□理想の教員像について

□これまで努力してきたこと

□教育法規等

※すべてが全員に必ず試問されるとは限らない。

〈評定項目〉

個人面接試験は次の評定項目に基づいて5段階評定で実施する(配点180

点)。

(1)　態度・表現力　表情や話し方に関する評価

(2)　意欲・積極性　仕事に対する意欲や情熱に関する評価

(3)　判断力　状況に応じた判断力に関する評価

(4)　専門性　教科科目の専門的指導力に関する評価

(5)　将来性　教員としての資質や人間性に関する評価

▼小学校全科

【質問内容】

〈面接官1〉

□模擬授業を終えてホッとしているか。

□得意なことについて。

□志望動機，教師を目指したきっかけ。

□スクールサポーターでの経験。

　　→どんな活動をしたか。

〈面接官2〉

□高校時代の部活動について。

□スクールサポーターの経験について。

　　→荒れているクラスの担任の先生の改善点は何だと思うか。

〈面接官3〉

□自分は教員に向いていると思うか。

　→その理由やそう思った出来事は。

□高校時代の部活動で大変だったことは。

　→どのように対処したか。

　→自分自身，部活内でどんな立場にいたか。

□大学での専攻分野について。

　→現場でも活用したいか。

□アルバイトの経験について。

　→アルバイトで理不尽だと思うことはあったか。

　→どう対応したいか。

【場面指導】

□帰りの会が終わり，全員が下校したと思ったら，1人だけ「靴がなくなった」と言ってきた時の対応。

　→保護者が「いじめられているのではないか」と言ってきた時の対応はどうするか。

　→子どもが嫌な思いをしたら，いじめではないのかと言われたら，どう答えるか。

※模擬授業実施後，すぐに個人面接が始まる。

※場面指導は個人面接の中に含まれる。ロールプレイではなく，質問に口頭で答える形式。

・かなりつっこんだ質問をされる。

・考える時間があっても大丈夫なので，落ち着いて的確に答えることが大切。

・自分の回答に対して「これはこうじゃないのか」と面接官に指摘されたら，その内容を受け止めて，続けて自分の考えを伝えることが大切。

・3人の面接官が順番に質問してくる。面接官3からは，他の2人の面接官から聞かれたことについて，深く質問される。

▼小学校全科

【質問内容】

□学校はブラックだと言われているが，どう思うか。

□今夢中になっていることはあるか。

□兵庫の教育で魅力的なことは何か(試験官にプレゼンテーションする)。

□今までで一番しんどかったことは何か。

□自然学校を通して子どもたちに伝えたいことは何か。

【場面指導】

□マラソンを走りたくないと言う児童への対応。

　→身体的な理由もなく，走りたくないと言う子にはどうするか。

　→マラソンするくらいなら死ぬ，と言われたらどうするか。

□物を大切に使えない子に対してどう指導するか。

▼小学校全科

【質問内容】

□卒論について具体的に説明しなさい。

□教員に大切な素養とは何か。

　→その中で既に備わっているもの，これから身につけたいものは何か。

□今まで最も苦労したこと，およびその克服法について。

□自己PR

※願書に記載した内容についての質問が多い。

・自己分析をしっかりと行い「自分はこういう人間です」というようにアピールできる準備が必要。

・口頭で場面指導もあったが，「自分がどんな子どもを育てたいのか」「どんな教師になりたいのか」「そのためにどのような教育を行うのか」という3つの柱を基本とした回答を心がけた。

・一問一答ではなく，一問十答ほど準備して臨んだ。

▼小学校全科

【質問内容】

□兵庫県の小学校を志望する理由。

　→学校の取り組みや魅力について詳しく述べる。

□小学校以外の免許について。

□指導できる部活動について。

□ヤングケアラーについて。

□何年生の担任になりたいか。

□小学低・中・高学年に対して，それぞれどんなイメージを抱いているか。

□ボランティアについて詳しく話しなさい。

【場面指導】

□授業中に歩き回ってしまう児童がいて，他の子どもの親から電話がかかってきた。あなたならどうするか。

・答えたことに対して，深く掘り下げた質問がたくさんくる。

　→「歩き回る児童は故意なのか，障がいがあるのか」について話したら，障がい，専門機関や長期的・短期的な支援などについて，詳しく聞かれた。

▼小学校全科

【質問内容】

□志願書の課外活動について。

□ボランティア活動について。

　→大変だったことや，学んだこと。

□部活動での部長経験について。

【場面指導】

□保護者からクレームがあった際，どのように対応するのか。

▼小学校全科

【質問内容】

89

□どんな授業をしたいか。何を大切にするか。

□リラックス方法(ストレス解消法)は何か。

□相談できる人はいるか。

　→自分自身のことについての質問が多かった。

【場面指導】

□下校時にクラスの1人の子の外靴がなくなっていたら，あなたは，どのような行動を取るか。

　→靴がゴミ箱から見つかった時どうするか。

・自分の取る行動を順序通りに言葉で説明した。

・「いじめの可能性もある」と発言をしたことによって，いじめの質問に変わった。

・具体的に(靴が見つかった時，見つからなかった場合)を話したので特に追質問はなかった。

※留意点として，端的に発言するようにと指示がある。

▼中学国語

【質問内容】

□部活動について。

　→バレーボールはいつからしているかなど。

□(願書を見て)国語の魅力を伝えるためにどんな工夫をするか。

□兵庫の求める教員の資質5つのうち，一番自信のあるものはどれか。

【場面指導】

□文化祭で出し物を決める時，どのようにして決めるか。

□やる気のある生徒とやる気のない生徒がいた時どうするか。

▼中学英語

【質問内容】

□模擬授業の振り返り。

□部活での経験。

□自己紹介。

□教育実習での経験。

□担当クラスの生徒に身につけてほしいこととその理由。

【場面指導】

□担当クラスの生徒から「クラスのAさんがSNSにたばこの写真を載せている」と言われたらどうするか。

・面接官から，簡潔に答えるようにと言われる。

▼中学数学

【質問内容】

□なぜ中学校志望か。

□他に受験している自治体はあるか。

【場面指導】

□SNSで喫煙や飲酒をしている生徒を見つけたという報告を生徒から受けた時の対応(生徒第一の目線で)。

　→喫煙した子が「誰が先生に報告したか教えてくれ」と言ってきた時，どう対応するか。

　→様々な人や機関と連携する意義は。

□ICTを活用した経験はあるか。

□部活動や学級活動でどのようにしてICTを活用できるか。

□これまでの人生で一番苦しかったことは何か。

▼中学数学

【質問内容】

□模擬授業を考える上で注意したこと。

□生徒に部活動で学ばせたいこと。

□今までで一番苦労したこと。

□教員に求められる資質を3つ挙げなさい。

□教員の不祥事について。

▼中学理科
【質問内容】
□志望動機とその理由。
□学校に貢献したことはあるか。
□経歴に関すること。
□中学，高校，大学で経験したこと。
□先生と教師の違いは何か。
□自分の長所と短所。
□あなたが担任になったらクラスの生徒は全員学校に来ると思うか。
　→その理由は。
・事前に頻出の質問は本やインターネット等で調べて自分の考えをまとめるとよい。
・模擬授業と併せて入退室の作法も友達と一緒に練習した。
・面接では大きな声ではっきりと話し，自信を持っているように見せた。
・自分をよく見せようと思うのではなく，「自分という人間を知ってもらおう」という気持ちで臨むとよい。
【場面指導】
□学校への携帯の持ち込みについてどう思うか。
□自分の弱みを抱えている子にどう対応するか。
□教師の仕事量はブラックと言われているが，何が原因だと思うか。
□授業準備・部活動・家庭訪問のどれを優先するか。
□保護者から，子どもの部活を辞めさせたいと相談されたらどう対応するか。
□学校が嫌い，または学校に来られない子に対してどう対応するか。
・自分の経験を交えて話すことで，具体性が増す。

▼中学音楽
【質問内容】
□教師になろうと思ったきっかけは。

□自分が学生時代に楽しかったこと，思い出に残っていることは。

□部活動に所属していた時の役割(中学の時)。

□高校・大学で部活に入らなかった理由。

□高校・大学でどのような集団に属して，どのような役割だったか。

□苦手なことは何か。またその克服方法は。

□長所・短所は何か。

　→長所をどう教育で生かすか。

□自分の周りの人からはどのような人だと思われているか。

・どの質問も2，3問追加質問があったので，どのような追加質問がくるか想定しながら練習するといいと思う。

【場面指導】

□3日連続体調不良で休んでいる子にどのように対応するか。

　→次は10日連続休みになってしまい，心理的なことが原因だった。家庭訪問をする際どのような声かけをするか。

□SNSでクラスメートが喫煙，飲酒している動画があがっていると報告を受けた。どのように指導するか。

□勉強時間がなくなるため，親は部活を辞めさせたいが，子どもは辞めたくない。どのように対応するか。

▼高校地歴

【質問内容】

□志望理由。

□どういうところが教員に向いているか。

□教員に必要な資質を3つあげなさい。

□理想の教師像とは。

□大学で一番頑張ったことは何か。

□今まで一番苦労したことは何か。

□今まで一番うれしかったことは何か。

□あなたの部活動について詳しく述べよ。

【場面指導】

□内職している(例：社会の時に数学をしている)子がいたらどうするか。
　→社会は受験に必要ないから，と言われたらどうするか。
　→数学がわからない，そもそも数学の先生の教え方がわかりにくいと言われたらどうするか。
　→古い教え方をしている上司または先輩教師にどう言うか。
　→学習指導要領なんて関係ないと言われたらどうするか。

▼高校数学
【質問内容】
□志望動機。
□感動したこと。
□数学が苦手という生徒に対してどうするか。
【場面指導】
□近隣のコンビニエンスストアで生徒が騒がしいとクレームが届いた。どう対応するか。
・1人，教科に詳しい面接官がいた。

▼高校英語
【質問内容】
□志望動機。
□履歴内容についての質問。
　→出身地と違う場所を受験するのはなぜか。
□部活動について，未経験の部活顧問について。
□現在の高校生の国語についてどう思うか。
□ICTを活用したことがあるか。
□あなたがこれまで一番困ったことは何か。
□あなたは生徒にどんな先生だと思われているか。
【場面指導】
□「お宅の生徒が近くのコンビニ入口で大人数たむろしている」とい

う内容の電話を受けた時の対応は。
□現在の高校生の自己肯定感を高める工夫をしているか。

▼高校英語
【質問内容】
□高校・大学での部活動について。
□自分の長所。
□実習について。
【場面指導】
□寝ていたり，授業に集中していなかったりする生徒へどう対応するか。
□校則を守りたくない生徒へどう対応するか。
□校則が理不尽で，教師である自分も生徒の言い分のほうが正しいと思う時，どう対応するか。

▼高校保体
【質問内容】
□理想とする教師像。
□理想とする授業。
□教師になったらやりたいこと。
□学級・チームを持った時に一番大切にしたいこと。
□指導における優しさ，厳しさとは。
□東京オリンピックではどの種目が印象的だったか。
□教員の信用失墜行為をなくすためにはどうすればよいか。
【場面指導】
□保健の授業中に内職(他の課題等)をしている生徒を発見したらどうするか。
　→注意した5分後にまた内職をやり出した時，どう声かけをするか。
□クラブや部員の保護者から「部活動の指導が厳しすぎる」と言われたら，どう対応するか。

・面接官は教育委員会の方が2名と校長先生の3名だった。
・面接では必ず追加質問("具体的に"や"なぜそう思うか"など)が2つ，3つあった。「考えた文を覚えて話す」ではなく，しっかりと面接官と対話することが大切。

▼養護教諭
【質問内容】
□志望理由
□講師経験について。
□自分自身の性格等について。
□一番大切にしたい資質。
□保健室経営について。
【場面指導】
□リストカットをしている子どもが，「誰にも言わないで」と相談に来た。どう対応するか。
□担任教師から，子どもが保健室に行くので厳しく指導してほしいと言われた。どう対応するか。

◆実技試験(2次試験)
　※全科共通携行品：受験票，筆記用具(鉛筆，消しゴムを含む)，上ばき
　▼小学校・特別支援
【音楽課題】
□歌唱「おぼろ月夜」(文部省唱歌)
※無伴奏，任意の調。
□器楽「ふじ山」(文部省唱歌)
※キーボード，鍵盤ハーモニカまたはソプラノリコーダーのいずれかを選択して演奏。
※歌唱，器楽ともに楽譜を見ながらの演奏も可(会場の楽譜を使用する

こと)。

※器楽にて，キーボード以外の楽器(鍵盤ハーモニカ，ソプラノリコーダー)を使用する場合は，各自で持参する。

おぼろ月夜

文部省唱歌 / 高野辰之 作詞 / 岡野貞一 作曲

なの は な ば た け ー に い り ひ う す

れ み わ た す や ま の ー は か す み ふ か

し は る か ぜ そ よ ふ ー く そ ー ら を み れ

ば ゆ う づ き か か り ー て に お い あ わ し

ふじ山

文部省唱歌 / 巖谷小波 作詞

【体育課題】

□器械運動(マット運動)

①側方倒立回転

②前転からジャンプ$\frac{1}{2}$ひねり

③伸膝後転

※上記①〜③を連続して行う。

□ボール運動　バスケットボール(5号球)

①パス，ピボット

②ドリブルからジャンプシュート(レイアップシュート)

③ジグザグドリブル

※上記①〜③を連続して行う。

※携行品：運動のできる服装，体育館シューズ(上ばきとは別のもの)

※更衣室での密集回避のため，運動しやすい服装で試験会場へ来場すること。

▼中学・高校英語

【課題】

□英語によるコミュニケーション能力テスト

※携行品：辞書(電子も可)。ただし，携帯電話，タブレット端末の辞書機能は不可。

〈スピーチ・テーマ〉

□What do you think are the advantages and disadvantages of teaching English lessons online?

□How would you use ICT in your class to develop students' English ability?

▼中学・高校音楽

【課題】

□新曲視奏(アルトリコーダー)

□弾き語り(「早春賦」)

□和楽器演奏(任意の楽器，任意の曲)

※選考試験係で用意する楽器は箏，長胴太鼓，和太鼓のみ(長胴太鼓は据え置き台で用意)。その他の和楽器は，各自で用意する。

□専門実技

※携行品：アルトリコーダー，専門実技に使用する楽器(和太鼓のばち，箏の爪は，各自用意すること)

早春賦

吉丸一昌 作詞
中田 章 作曲

▼中学・高校家庭

【課題】

□被服，食物に関する基礎的・基本的な技術

※携行品：裁縫用具，実習用白衣，三角巾

▼中学・高校理科

【課題】

□実験・観察
※携行品：実験用白衣

▼中学・高校保体
【課題】
□器械運動
□陸上競技
□水泳
□球技(バスケットボールまたはバレーボール)
□武道(柔道または剣道)またはダンス
※携行品：運動のできる服装，体育館用シューズ，屋外用シューズ，
　水着，水泳帽(ゴーグルの使用可)，柔道衣または剣道用具またはダ
　ンスのできる服装

▼中学・技術
【課題】
□ものづくりに関する基礎的技術
□パソコンに関する基礎的技術
※携行品：実習服及び運動靴

▼中学・高校美術
【課題】
□鉛筆デッサン
□基礎デザイン(色彩構成)
※携行品：鉛筆デッサン用具一式，平面デザイン用具一式(ポスターカ
　ラー等)，30cm直定規
※上記用具には画板(カルトン)を含む。

▼高校保体
※受付後，控室(教室)へ移動→受験番号のシールを胸に貼る→説明を

聞いた後，荷物を持って体育館へ→紙が配られ，バレーボールかバスケット，柔道か剣道またはダンスのうち，希望する種目に○をつけて即回収→注意事項を聞く→グループごとに順番が書かれた紙を渡される→全員で準備運動

※グループごとに種目の順番が決められる(例：1班は陸上→武道・ダンス→器械運動→球技→水泳)。

※水泳はどのグループも最後に行う。

・更衣室の密を防ぐためにジャージで集合する。受験者の大半は白ポロシャツと短パンだった。

・1日で5種目を受験するため，試験時間が長く，暑い。タオル，水分，着替えは必須。

・全49名(1班女性10名，2班男性13名，3班男性13名，4班男性13名)で実施した。

【課題】

□陸上競技(ハードル走)

※スタートは必ずクラウチングスタート。

・ハードルの高さは男性84cm，女性76cmくらいだった。

□器械運動(マット運動)

①伸膝前転，②伸膝後転，③倒立前転，④側方倒立回転，⑤後転倒立，⑥前方倒立回転跳び(ハンドスプリング)

□球技(バレーボール)

①オーバーハンドパス，②アンダーハンドパス，③スパイク

□剣道(武道またはダンス)

①前進後退正面素振り，②体を捌きながら左右面素振り，③跳躍素振り，⑤面を打たせる切り返し，⑥面打ち，⑦小手面打ち，⑧面に対しての応じ技，小手に対しての応じ技

□水泳(バタフライ→背泳ぎ，平泳ぎ→自由形)

①バタフライ25m→背泳ぎ25m(飛び込み可)

②平泳ぎ25m→クロール25m(必ず水中から)

※バタフライと平泳ぎは必ず両手でタッチしてからターンする。

・10人1組(男女別)となった。

▼高校工業
【課題】
□機械：機械に関する基礎的技術
□電気・電子：電気・電子に関する基礎的技術
□デザイン：デザインに関する基礎的技術
※携行品：機械…実習服・実習帽・安全靴，電気・電子…実習服・実習帽，デザイン…実習服

▼高校書道
【課題】
□毛筆・硬筆
※携行品：書道道具一式(2B鉛筆含む)，30cmの直定規

▼高校商業
【課題】
□コンピュータの活用技術

▼高校情報
【課題】
□コンピュータの活用技術

▼養護教諭
【課題】
□養護教諭の職務に関する基礎的技術
※携行品：動きやすい服装

▼小学校全科
【体育課題】

□マット運動(①側方倒立回転，②前転，③ジャンプ$\frac{1}{2}$ひねり，④伸膝後転)

□バスケットボール(①パス，ピボット，②ドリブルからレイアップ，③ジグザグドリブル)

・1・2班，3・4班のように，2班がまとまって動く。たとえば1班がバスケをしている間は2班がマット運動をしている。

・全体で準備運動(10分程度)後，説明があり，手本を見せてくれる。

・マット運動は1人2回，バスケットボールは1人1回練習できる。

・シュートが入らなくても合否に関係ない。

・所要時間はトータル30分ないと思うが，待ち時間が長い。

・マット運動は裸足もしくは靴下で実施する。

・バスケットボールは，コートを半分にして班を2分割(15人ずつくらい)で同時に行う。

・事前の資料では「ピボット」「ドリブルシュート」「ジグザグドリブル」の3種類が提示されていたが，当日は「パス」「ピボット」「ドリブルシュート」「ジグザグドリブル」「ジャンプキャッチ」の5種類となった。普段からしっかり準備しておかないと対応できないと思った。

・試験官は1ゴールにつき2名つく。1人がパスをし，もう1人は記入担当。1人ずつ実技が終わったら面接官の2人が少し話し合って次の人が実技，という流れだった。

・左利きの受験者には，左利き用にコースを変えてくれる。

【音楽課題】

□歌唱

□楽器

・歌唱→楽器の順で行う。

・歌唱の際は最初の音をキーボードで取り，10秒ほど練習時間あり。

・マスクを外して行ったため，表情をよく見られている可能性もあり。

▼小学校全科
【体育課題】
□マット運動(側転→前転→伸膝後転)
□バスケットボール
・チェストパス→ピボット→ドリブル→レイアップシュート→ドリブル→ストライドストップ→チェストパスの順だった。
・「コツ」や「ポイント」が理解できているかを見られる。バスケットのシュートは入らなくても合格できた。

【音楽課題】
□ピアノ演奏
・主旋律(右手)のみで演奏するよう事前に配布された注意書きに書いてある。
□歌唱
・伴奏なし

▼小学校全科
【音楽課題】
□歌唱「おぼろ月夜」(文部省唱歌)
・無伴奏，任意の調
□器楽「ふじ山」(文部省唱歌)
※キーボード，鍵盤ハーモニカまたはソプラノリコーダーのいずれかを選択して演奏する。
※楽譜を見ながら歌唱・演奏可能
※実技はマスクを外して行う。
・キーボードの椅子が低かったので，立って演奏した方がよいと思った。
・演技前後のあいさつをしっかりすることが大切。
・大人数の前で行うので，緊張しない練習も必要。
・アクリル板があり，面接官とも距離があったので，しっかりと声を

　届けることを意識した。

・笑顔で表現豊かに行うことが大切。

【体育課題】

□器械運動(マット運動)

①側方倒立回転，②前転からジャンプ$\frac{1}{2}$ひねり，③伸膝後転を連続して行う

□ボール運動(バスケットボール)　5号球

①パス，ピボット，②ドリブルからジャンプシュート(レイアップシュート)，③ジグザグドリブルを連続して行う

・マット運動とバスケットボールのどちらから行うかは，グループごとに変わる。バスケットボールは1度手本を見ることができた。

・できれば4，5月くらいから週1で練習しておくことをおすすめしたい。試験直前にケガをしないためにも大切。

▼中学英語

【課題】

□生徒に英語を使わせるために授業でどう取り入れるか

□生徒にプレゼンのスキルを向上させるために授業でどう取り入れるか

・まず，与えられたテーマについて3分以内のスピーチを15分で辞書(希望制)を使いつくる。

・挙手制でスピーチを発表。3分を超えると即打ち切られる。

・ALTが質問をした後に皆でそれについて討論。2，3人発言したら，質問を変えていた。

▼中学理科

【課題】

□実験(化学分野)

□計算問題(気体の発生量)：3問

・実験書の手順に沿って，混合粉末に塩酸を加えて気体を発生させ，

結果を表とグラフにまとめた。

・1人1セット実験器具が用意されてあり，周りが見えないように仕切りが設置されていた。

・試験官1人が受験者2人の評価を行っていた。

・実技は範囲の指定がないため，教科書上の実験をまんべんなく対策するとよいと思う。

▼中学音楽

【内容】

□弾き語り(「早春賦」)

□リコーダー(新曲視奏)

□和楽器演奏

□専門実技

・いずれも楽譜を見ながらでよい。

・リコーダーはアーティキュレーション(スラー，スタッカート等)の違い，吹き分けの練習をしっかりしておくこと。スラー，スタッカート等の記号がかなり多かった。

・はじめに弾き語り，リコーダー，和楽器を各教室で試験を受ける。

・全員が控室に帰ってきた後，前半・後半に分かれて移動し，10分間1人1部屋ずつ練習室で専門実技の練習をする。

・試験終了後は各自解散となる。

▼中学家庭

□調理：きんぴらごぼう，ほうれん草入りたまごやき，きゅうりとわかめの酢のもの

・時間内(30分)に上記を調理する。片付けの時間は含まれていないので，片付けを済ませる必要はない。

・まな板，包丁，火の使い方など様々な技能を見ている。

□被服：幼児用エプロン

・時間内(30分)に幼児用エプロンを作る。ミシン，アイロン，手縫い

(千鳥がけ，まつり縫い)の技能を見ている。
・1グループ6人程度で実施

▼養護教諭
【課題】
□尺骨骨折の固定(3分)
・副子4枚，タオル，三角巾2枚，ビニール手袋などが用意されている。
・声を出さずに問診，視診，触診，検診，処置を行うよう指示がある。
□ぜんそく(軽度発作)への対応(3分程度)
・ダミー人形，バスタオル2枚が用意されている。
・起座位にしたり，排痰をさせたり，落ち着かせる。
□心肺蘇生法(5分)
・ダミー人形，タオル，AED等が用意されている。
・「発汗あり」と設定されているため，汗を拭いてからパッドを貼る。
□脊柱側わん症のスクリーニング(5分)
・2mほど離れた位置にいる試験官を，対象の子どもに見立てて行う。
〈確認項目〉
・両肩の高さ
・両肩甲の位置と高さ
・ウエストラインの左右差
・前屈した時の肋骨隆起

2021年度　面接実施問題

◆集団面接(1次試験)　受験者8人に対して面接官2人程度　15分
　▼全区分
【テーマ】
下記の3テーマから，当日指定する1テーマについて，集団討議を行う。
□未来への道を切り拓く力の育成
□感動体験を味わわせる取組
□魅力ある学校づくりに必要な取組
〈評価項目〉
(1)　健康度　困難を克服する精神力や健康性に関する評価
(2)　積極性　仕事に対する意欲や情熱に関する評価
(3)　共感性　児童生徒に対する共感性に関する評価
(4)　社会性　周囲とのコミュニケーション能力に関する評価

　▼小学校全科　面接官2人　受験者5人　15分
【テーマ】
□魅力ある学校づくりに必要な取組
・まわりの方の意見に付け加える形や，違う角度から討論を行えるように，テーマが発表されたらしっかり準備すると良いと思う。

　▼小学校全科　面接官2人　受験者5人　15分

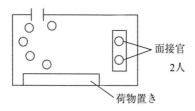

・本年度はコロナウイルス予防のため，試験時間は15分(例年20分)，

110

人数は5人(例年8人)だった。
・具体例をあげて話すことで，伝えたいことがしっかり伝わると思う。

▼小学校全科　面接官2人　受験者5人　約13分
・大学生3人，講師2人(雰囲気から推察)だった。
・一番端の席だったので，全員の顔をきちんと見ることを意識した。
　事前に3つ題が与えられ，当日そのうちの1つを示される形式。

▼小学校全科　面接官2人　受験者4人　15分
【テーマ】
□未来への道を切り拓く力の育成
・講師の方の話はとても勉強になった。
・話をつないでいくことが大切だと感じた。
・他の3人が講師の方々で具体的な取組の話がメインで，学生の私は
　すごく困りましたが，先生になったらこんなことをしてこの力を子
　どもにつけさせます！と言い切ることが大切だと信じて，自分の考
　えをまず初めに言って，その後から周りの意見に合わせていった。

▼小学校全科　面接官2人　受験者5人　12分
【テーマ】
□感動体験を味わわせる取組
※試験室に入室後，1つのテーマを与えられてスタート。
※名前はAさん，Bさんなど席に指定有り。
・講師4人，新卒(自分)1人の5人で行った。

▼小学校全科　面接官2人　受験者5人　15分
【テーマ】
□魅力ある学校づくりに必要な取組
※入室して着席後すぐ「討論を始めてください。時間は15分です。」
　という指示がある。

▼小学校全科　面接官2人　受験者5人　15分

※3つのテーマから本番直前に1つ指定され，討論を行う。

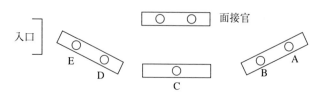

▼小学校全科　面接官2人　受験者5人　12分

【テーマ】

□魅力ある学校づくりに必要な取組

※3つのテーマのうち1つのテーマを言われ，「意見交換して下さい」
　と言われる。

・まんべんなく，みんなが発言できるようにする。

・×挨拶なし　○声を大きくする

・マスク着用，一人1分ほどで話す。

・メモは持ち帰らず，おいていく。

・うなずいて聞く人が多かった。

▼小学校全科　面接官2人　受験者5人　15分

【テーマ】

□感動体験を味わわせる取組

・人の話をしっかりきいて，否定しない。

▼小学校全科　面接官3人　受験者5人　12分(試験官の説明などの時間
　を含めて15分。HPには，この時間が載せられる。)

・2週間弱前くらいに，テーマが3つHPに掲載される。そのうちの1つ
　が討論開始直前に知らされるため，3つとも準備しておく必要があ
　る。講師の方が多く，私の場合は，私以外の4人が講師だった。そ
　のなかで怯まず自分の考えを発言することが大切。

・発言内容の形として，「共感→経験・考え→こうしていきたい」という3段階を徹底した。

・「目からウロコの意見」よりは，聞く姿勢や周りと結びつけた意見，さらに，つけ加えると，学生としてのフレッシュさ(肘をピンと伸ばして挙手など)を出すことが大切だと考える。

・学生の方であれば，自分と同じ自治体，区分を受験する人を見つけて，対策を一緒に練ることが大切だと考える。集団討論，模擬授業などは，特に，周りの人の意見・指摘を吸収することでより良いモノになっていくということを私自身強く実感した。同時に，これまでその自治体，区分を受験した人を探して，情報を集めることも大切だと考える。

・集団討論は，あっという間に終わってしまうため，積極的に挙手して発言した方が良いと考える(手を挙げすぎると協調性がないと判断されるため，発言は3，4回くらいが無難だと感じた)。

・私は学生なので「こういうふうにしていきたい」ということを理想論でもそれが新卒の武器だと考えアピールした。

▼小学校全科　面接官2人　受験者5人　15分
【テーマ】
□魅力ある学校づくりに必要な取組
※3つの課題から当日1つ指定される。
※A〜Eと仮名をおいて行う。
※1人2〜3回程度発表(挙手制)。

▼小学校全科　面接官3人　受験者5人　15分
【テーマ】
□未来への道を切り拓く力の育成
※あらかじめ指定されている3つのテーマのうち，入室後，1つを指定されて，討論する。
※1回の発言は1分以内，メモをとってもよい，司会はたててもたてな

くてもよい。

▼中学社会　面接官2人　受験者5人　15分
※事前に提示されたテーマ3つのうち1つを受験開始に発表され，討論
　する。
・1人1分以内との指示があった。実際，討論中に1分以上話す人がい
　たが止められることはなかった。また，司会者をかってでた人がい
　たため，その人を中心に討論した。
・その両者は一次試験は不合格だった。どちらも，話す量が多く，他
　の受験者があまり話せていなかった。
・同じグループの人がバランスよく話すことが大切だと思う。

▼中学英語　面接官2人　受験者5人　15分
・事前にインターネットでホームページに3つの集団討論のテーマ(当
　日その内の1つが提示される)があげられるので，そのテーマについ
　ての自分の意見をしっかりと考えておくことが大切です。
・他の方の意見にしっかりと耳を傾けて，その上で自分の意見を伝え
　ることが大切だし，見られるポイントだと思う。

▼中学数学　面接官2人　受験者5人　15分
【テーマ】
□感動体験を味わわせる取組
・司会を立てなくてもよい，という指示があったので，積極的に挙手
　して発言する必要があるかと思う。

▼中学数学　面接官2人　受験者5人　15分
【テーマ】
□感動体験を味わわせる取組

▼中学数学　面接官2人　受験者4人　12分

・集団討論の何日か前に3つにお題が絞られるので，同じ自治体を受ける仲間と何度もそのお題で集団討論をして，自分の言いたいことをいくつかまとめた。

・たくさん練習したので，司会をすることもでき，手応えを感じた。

・何度も練習して，慣れることが必要だと思った。

▼中学理科　面接官2人　受験者5人　15分

【テーマ】

□未来への道を切り拓く力の育成について

※討論時間は12分。

※マスクはつけたまま。

※発言は1分以内と指示あり。

・討論内容が抽象的な場合等は，はじめに定義をきめてから討論すると，良い内容になりやすいと思う。

▼中学理科　面接官2人　受験者5人　12分

【テーマ】

□未来への道を切り拓く力の育成について

※テーマは3つが事前に発表されるが，討論直前にその中から1つが示される。

※討論は15分といわれるが，実際には入室，説明を含めて15分のため12分ほどで終わる。

※挙手制で意見を言っていき，司会は立てても立てなくてもよい。

・第3期教育創造プランを読むべき。

・1人3回の発表が目安(1回あたり40〜50秒)。

▼中学家庭　面接官2人(男性)　受験者5人1班(欠席者は空き)

【テーマ】

□魅力ある学校づくりに必要な取組

▼中学保体　面接官2人　受験者8人　20分

※当日出題されたテーマに応じて集団で議論を進めていく。

※8人が円形に座り，A〜Hとアルファベットで名前を呼び合う。

▼中学保体　面接官3人　受験者5人　15分

※事前に3つのテーマが提示されている。

▼高校国語　面接官3人　受験者5人　15分

【テーマ】

□未来への道を切り拓く力の育成

※試験名は，集団面接だが，内容(形式)は，集団討論。

・私は，緊張して，言葉につまったりしましたが，話す内容よりも，
　人柄とか，態度を見られている(評価されている)感じがした。

▼高校地歴　面接官2人　受験者5人　12分

【テーマ】

□魅力ある学校づくりに必要な取組

※15分程度と要項に書かれていたが，12分で行うよう指示された。

※司会なし，発表は挙手制。メモ可。マスク着用。

・いきなりスタートするので，心がまえしておくこと。

▼高校英語　面接官2人　受験者4人　15分

【テーマ】

□未来への道を切り拓く力の育成(事前に県教委のHPで3つのテーマが
　提示され，その中から当日テーマが1つ出題される。)

※受験者はABCDと割り当てられ，討論中はAさんBさんと呼び合う。

※発言は1人1分以内と指示される。討論は受験者が主体で行い，「誰
　から始めて下さい」という指示はない。

※面接官はテーマのみを伝え，討論中質問などもしない。

・事前にテーマが分かるので，準備するとき，兵庫県の「指導の重点」

の冊子を読むなどして，自分の考えをまとめておくと良いと思う。

▼高校保体　面接官2人　受験者5(4)人　15分
※3つのテーマからランダムに1つ(テーマは2週間程前に発表)。
・簡潔に！
・テーマからそれないようにする。
・聞くときはペンを置いて聞く。前の人の発言をふまえる。

▼養護教諭　面接官2人　受験者4人　20分
【テーマ】
□感動体験を味わわせる取組
※事前に3つのテーマが公開されており，その中から1つ指定される。
　着席すると1つのテーマを伝えられ，討論開始となる。
※5分前に終了の合図があり，終了時間になると試験終了。

▼養護教諭　面接官2人　受験者5人　15分
【テーマ】
□未来への道を切り拓く力の育成
※13分間の討論。
・どのように育成していくか(養護教諭として)。
・自治体の教育大綱を頭に入れておく。

▼養護教諭　面接官2人　受験者5人　20分
【テーマ】
□感動体験を味わわせる取組
・司会者など設定せずに行った。発言者の顔を笑顔で見てうなずく，
　他の意見を否定せず発展させていくことに気を付ければ良いと思
　う。

▼栄養教諭　面接官2人　受験者5人

【テーマ】

□魅力ある学校づくりに必要な取組

・挙手して意見を述べていく。司会はいなかった。

・ハキハキと意見を述べることと，人の話を頷きながら聞くことが大切だと思う。

◆模擬授業(第2次選考)　受験者1人に対して面接官3人程度　約15分

※受験区分に応じて，約15分の模擬授業を実施する。模擬授業では，必ず板書を使用することとする(ただし，養護教諭区分受験者には，模擬授業にかえて，約8分間の模擬保健指導を実施し，板書を使用しなくてもよい)。

〈評定基準〉

模擬授業は次の評定項目に基づいて5段階評定で実施する。(配点120点)

(1)教材内容に関する知識・理解教科等の専門知識に関する評価

(2)構成力授業の構成に関する評価

(3)声・表情・所作教員としての所作等に関する評価

〈模擬授業の分野〉

試験当日，下記の各教科内容の分野から，具体的な教材が1つ提示される。

▼小学校全科

□国語(詩，物語文)

□社会(農業や水産業，我が国の政治の働き)

□算数(計算のきまり，図形の計量の仕方)

□理科(物と量，月と星)

※対象は小学校3〜6年生。

▼小学校特別支援

□領域・教科を合わせた指導
▼中学国語
□詩
□短歌
□古文

▼中学社会
□律令国家の形成
□資源・エネルギーと産業
□明治維新と近代国家の形成
□国際社会の諸課題

▼中学英語
□疑問文
□to 不定詞
□文構造
□関係代名詞

▼中学数学
□反比例
□データの活用
□平面図形
□関数

▼中学理科
□力の働き
□水溶液の性質
□体のつくりと働き
□火山と地震

▼中学音楽
□歌唱
□鑑賞

▼中学家庭
□家族・家庭と地域の関わり
□衣生活

▼中学技術
□エネルギー変換
□生物育成

▼中学保体
□健康な生活と疾病の予防
□心身の発達と心の健康

▼中学美術
□絵画
□彫刻
□工芸
□鑑賞

▼中学特別支援
□領域・教科を合わせた指導

▼高校国語
□短歌
□小説
□古文
□漢文

▼高校地歴公民

「世界史」

□唐と五代十国時代

□ヨーロッパ世界の形成と展開

□ヨーロッパの拡大と西洋世界

□二つの世界大戦と大衆社会の出現

「日本史」

□荘園・公領の動き

□幕藩体制下の政治

□近代産業の発展

□占領政策と諸改革

「地理」

□世界の地形

□世界の気候

□世界の工業

□現代世界の諸地域

「現代社会，倫理，政治・経済」

□中国の思想

□現代に生きる人間の倫理

□民主政治の基本原理と日本国憲法

□現代経済の仕組みと特質

※試験当日，受験者が「世界史」「日本史」「地理」「現代社会，倫理，政治・経済」の中から1つを選択する。

▼高校英語

□コミュニケーション英語Ⅰ

▼高校数学

□データ分析

□円と直線

□三角比
□ベクトル

▼高校理科(物理)
□物体の運動とエネルギー
□音と振動

▼高校理科(化学)
□溶液と平衡
□化学反応と化学平衡

▼高校理科(生物)
□生物の体内環境の維持
□遺伝情報の発現

▼高校音楽
□歌唱
□鑑賞

▼高校家庭
□青年期の自立と家族・家庭
□衣生活

▼高校保体
□現代社会と健康
□社会生活と健康

▼高校書道
□日常生活における書
□見ることを楽しむ

▼高校看護
□感染予防
□器官系の構造と機能

▼高校福祉
□社会福祉の理念と意義
□障害の理解

▼高校情報
□情報の活用と表現
□コンピュータと情報通信ネットワーク

▼高校農業(農業・園芸)
□育成環境
□農業生物の栽培・飼育

▼高校工業(機械)
□機械に働く力と仕事
□材料の強さ

▼高校工業(電気・電子)
□直流回路
□電気抵抗

▼高校工業(建築)
□建築と環境
□木構造

▼高校商業
□企業活動の基礎

□情報の活用と情報モラル

▼高校水産
○日本の海
○漁業と資源管理

▼養護教諭
□熱中症予防
□むし歯予防
※小学校6年生対象。

▼特別支援学校
□領域・教科を合わせた指導

▼栄養教諭
□食に関する分野
※小学校3年生，6年生対象。

▼小学校全科
・1次の合格発表前に大まかなテーマが出るので，そのテーマをひと
　とおり行っておくことをおすすめする。
・私もほとんど行っていたので本番もしたことがあるところが出た。
　時間が思ったより短く感じた。
・面接官の対応は，人によって違うので，その場で対応できたらいい
　と思う。

▼小学校全科
【課題】
□国語「物語」
【質問内容】

□先生(私)が物語を読んだときに気をつけたこと。
□先生対子どもの一対一の会話が多かった気がしたが，そこはどうか。
□黒板が白だけだが，何か他の色のチョークを使うことは考えなかっ
　たか。

▼小学校全科
【課題】
□算数「通分の方法」
・話し方や立ち姿を意識して行った。マスクで声がこもりがちになっ
　てしまうので，気をつけなければならない。
・板書も色チョークを使うよう意識し，授業全体の見通しを示すこと
　が大切だと思う。

▼小学校全科
【課題】
□算数「通分(5年生)」
※5分間構想する(教科書コピーがもらえる)。本時のねらいと流れを説
　明した後，授業スタート。
※面接官が児童役として手をあげてくれる(私の場合は，すべて正しい
　答えを発表してくれたので，やりやすかったが，私の友人はわざと
　間違えられたと言っていた)。
【質問内容】
□2，3問の口頭試問
□何点でしたか？
□良かったことと改善点

▼小学校全科
【課題】
□理科3年生「物の重さと体積」
※試験10分前に見開き1ページの教科書コピー配布。

※試験5分前に一斉にコピーの内容を見て構成を練る。

※導入～展開(実験をはじめる前のところで終了)

※線から前に出られない(机間指導ができない)。

※面接官を児童に見立てる。

▼小学校全科

【課題】

□小学校5年生「体積について」

※試験時間5分前に教科書のコピーを渡される。

▼小学校全科

※廊下で教材が配られ，5分で構想を練る。

※板書を必ず使用。めあてははやめに！と最初に言われる。

・邪魔をする面接官はおらず，1人だけ積極的に参加してくれる役をしてくれた。

▼小学校全科

【課題】

□算数「通分」

・自分のできる最大限の力を見せる。

・大きな声でハキハキと。

▼小学校全科

・国語，社会，算数，理科の4教科の範囲が，約1ヶ月前にHPに掲載される。範囲は，国語(詩，物語文)，対象学年3～6年というふうに比較的，広く設定される。

・試験当日は教科書のコピー見開き1枚を渡され，模擬授業の開始5分前に初めて見ることが許され，構成を考えることができる(それまでは，二つ折りにされている)。

・書き込み可。板書は必ず行う。めあては，早めにかくようにと指示

がある。
・試験官を児童役にするかどうかは受験者に委ねられ，架空の児童を
つくってもよい。(「Aさんは，どう思った？」「○○っていうふうに
考えたんだ！というふうに」範囲の全ての授業展開を考えるのは大
変なので，私は「型」をつくった。どの授業でも，「まず，予想」。
その予想をめあてにつながるモノに設定することも意識していたの
で，「じゃあ今日は，このことについて考えていきます。なので，
めあては，〜」とスムーズにめあてを提示できた。
・自分の授業の型をつくり，それが，5分で構成できるように，練習
を繰り返すことが大切だと考える。

▼小学校全科
【課題】
□国語　6年生　物語文「海のいのち」
※個人面接の最初に行われる。
・あらかじめ，大まかな出題範囲はHPで掲載されるが，範囲が広く，
また予想も難しい。

▼中学社会
【課題】
□公民「商業とサービス業」
※面接官を前に授業を行った。(時間になると)途中で止められる。
※机間巡視なし(コロナのためか？)
※模擬授業前に1時間の流れと1時間の目標を話す。
※模擬授業後，個人面接が始まった。
・面接官を生徒に見立てても良いが，自分のペースで授業展開してい
くため，架空の生徒をあてていった。

▼中学数学
【課題】

□関数$y＝ax^2$の導入

※個人面接の前に行われる。

※最初に1分程度で流れを説明し，実際の授業は12分程度，終わった後に感想・改善すべき点等を尋ねられる。

※模擬授業の前に，教科書のコピーが配られ，5分程度で構想を練る。

▼中学数学

【課題】

□関数$y＝ax^2$の導入

※15分のうち，実施は12分で，最初に1分程度で流れの説明，終わった後に感想・改善すべき点等を尋ねられる。

▼中学数学

【課題】

□データの活用(1時間目)

※構想が5分程度(15分とは別)，入室前に廊下で模擬授業の構想をする。

※はじめに授業のねらいと流れを1分程度で説明して，残り12分程度模擬授業を行う。

※試験管を生徒とみなしても良い。

【質問内容】

□模擬授業を自己評価せよ。

□実際に授業を行う際に気をつけることはあるか。

□なぜ教科書に記入済みの度数分布表が載っていると思うか。

▼中学理科

【課題】

□水溶液の性質(溶解度の内容)

※事前に複数のテーマが公開され，当日にそのテーマから教科書のコピーが配られる。

※構想5分，授業12分，口頭試問3分

・事前にテーマがある程度わかるので，一通り授業をつくっておくと
　当日あせらなくてすむと思う。

▼中学理科

※15分の内訳

・1分間…授業のねらいと1時間の計画を説明する。

・12分間…授業を行う(板書は必ず使用するように指示がある)。

・2分間…質問がいくつかある(板書で工夫したこと，良かったことと
　反省点)。

※教壇より前に行ってはいけない。

※2週間ほど前におおまかな範囲が示され(60ページほど)，当日5分前
　に見開き1ページ(2ページ分)が渡される。

・試験監督をAさん，Bさん，Cさんとして，授業に参加させてもよい
　といわれる。こちらから当てなければ，特に何の反応もない。

・教科書は啓林館だったが，別の出版社の教科書を渡された人もいた。

▼中学英語

【質問内容】

□模擬授業についてどうだったか。

□10点中何点か。

・個人面接と一緒にするが，1番に模擬授業をする。まずある教科書
　の1ページ分のコピーをもらう。5分間それを見て考える時間があ
　る。その後15分，黒板を利用して面接官を生徒に見立てて授業をす
　る。

・面接官を当てた時は，しっかりと正解の答えを返してくれた。

▼中学家庭

【課題】

□暮らしを豊かにするサービス(開隆堂)

※コロナ対策のため受験者が座る椅子よりも前に出て授業をすること

129

は禁止された。

※黒板で教卓なし，よって配布された教科書のコピーは手で持ったまま授業を行う。

※試験官を生徒と見立てて授業を進めるとよい。→しかしすぐに手を上げないので，わかる人いるかな？　思いつく人？　と発問することで予想しやすい発言を取り出すことができる(試験官を生徒と見立てなかった受験者はその後，なぜ当てない？　臨機応変に対応することができないのか？　パニックになりやすいのか？　と厳しい質問攻めにあったらしい)。

▼中学保体

【課題】

□生活習慣病とその予防

※初めに授業のテーマと大まかな全体の流れについて聞かれる。

※面接開始10分前に教科書のコピーが配布された。

【質問内容】

□実施した授業の良かったところと反省すべき点はどこか。

□本単元の前に行っていた授業の内容は何か。

▼中学保体

【課題】

□生活習慣病とその予防　(教科書　学研)

【質問内容】

□何点だったか

□良かった所・悪かった所

※始まる前に目標と1時間の構成を1分程度で伝える。

※面接官は生徒役(まじめな子，静かな子)

▼高校国語

【課題】

□「短歌十五」
※試験の15分くらい前に教科書のコピー見開き1ページがわたされる。
※試験官3人が生徒役をやってくれた。
※約12分で行った後，3分程度，授業についての質問をされた。
・自分の他に，知り合いは，「羅生門」が課題だった。

▼高校英語
【課題】
□SVOO(give O$_1$ O$_2$の過去形)　(教科書　Columbus)
※事前に県のHPで提示される。
※マスク着用で行われた。
※授業は導入と展開までを行った。
※面接室に入る直前(試験開始)5分前に教科書のコピーを見て構成を考えた。
※辞書は使用不可。
※コピーにメモはでき，それを見て授業をしてもよい。
・面接官は生徒役をせず，教室に生徒がいることをイメージして行った。授業後は指導主事の方から自己評価とこの後の展開について聞かれた。
・昨年も同じ教科書からの内容だった。
・事前に指導分野がわかるので，範囲は広いですが，指導が苦手な分野を練習した。黒板を使用しての練習を行うのが良いと思う。

▼高校保体
【課題】
□大気汚染と健康
・自由に面接官をあてれられるが，「分かりません」としか言わない人がいた。対応できた方がいい。
・5分で「ねらい，板書，50分の計画」を思いつくようにしておけばつよい。

131

▼養護教諭

【課題】

□熱中症について小学校6年生対象に保健室で保健指導

※事前に2つのテーマが公表されており，試験開始時に1つのテーマを
　指定される。

※面接官4人は生徒役になり，受け答えをしてくれた。

※開始前に，指導のめあてと進め方を聞かれる。

【質問内容】

□指導についての自己評価(何点か，なぜその点数か)

▼養護教諭

【課題】

□小学校6年生に対して保健室で熱中症予防について指導しなさい。

※黒板の使用不可。

【質問内容】

□ねらいと指導計画

□自己評価

□養護教諭が指導する意義について

▼栄養教諭

※個人面接の中で行う。事前に5分与えられて授業を練り，15分で演
　じ切る。面接官を生徒に見立てなければいけない。

・その後授業についての質問もある。

・ハキハキと演じ切るのが大切。

【質問内容】

□この後の展開

□工夫した点

□自己評価

◆個人面談(第2次選考)　受験者1人に対して面接官3人程度　約25分(養護教諭区分は32分)

※場面指導(学校現場において想定される生徒指導や保護者対応等)にかかる試問を含めて実施する。

〈主な試問例〉

□願書の記載内容について

□志望動機について

□理想の教員像について

□これまで努力してきたこと

□教育法規等

※なお，この例のすべてが全員に必ず試問されるとは限らない。

〈評定項目〉

個人面接試験は次の評定項目に基づいて5段階評定で実施します。(配点180点)

(1)態度・表現力　表情や話し方に関する評価

(2)意欲・積極性　仕事に対する意欲や情熱に関する評価

(3)判断力　状況に応じた判断力に関する評価

(4)専門性　教科科目の専門的指導力に関する評価

(5)将来性　教員としての資質や人間性に関する評価

▼小学校全科

・場面指導は特になく，「○○な時どう対応するか説明してください。」という感じだった。

・答えたことに対して，深く質問されたり，「他に考え方はありますか。」などの質問があった。

・模擬授業の後だったので，そのことについての質問もあった。

▼小学校全科

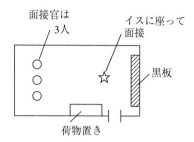

面接官は3人
イスに座って面接
黒板
荷物置き

※入室→模擬授業→個人面接→退室

【質問内容】

□昨年も本県を受験したか。

□「力不足だった」と言われたが，どこが力不足で合格できなかったか。

□自筆したところを読んで，中身を質問。

□部活でのトラブルをどう乗りこえたか。

□ボランティア活動の内容。

□クラス担任をもったら子どもたちを何と呼ぶか。その理由。

【場面指導課題】

□保護者からの電話対応「他の子からいじめられているかもという相談，クレーム」。

□宿題をしてこない子にどう対応するか。

□クラスの輪に入れない子にどう対応するか。

▼小学校全科

【質問内容】

□自己PR

□部活のこと

□卒論のこと

□教師を目指したきっかけ

・自分と試験官との間に距離がかなりあって，ハキハキ話さないと声

が届きにくい状況だった。

【場面指導課題】

□自分の子がいじわるされているのではないかと電話がかかってきた時の対応。

・個人面接の間に場面指導が組み込まれていた。

・かなり追質問があった。

・ひとつずつ丁寧に答える姿勢が大切ではないかと思う。

▼小学校全科

【質問内容】

□部活について(役職・困難だったことなど)

□留学について(どこ，目的，感動したこと)

□信用失意行為は何の法規の何条？

□いやがらせを受けている子どもへの対応，保護者への対応。

□働き方改革についての自分の考え。

□コロナで6月からやっと学校に出てこられた子どもへの声かけなど。

※面接官1人10分ぐらいで回していた。

・一度に答えすぎずに，面接官の追質問を待つ方が，会話している感じがして楽だった。

▼小学校全科

【質問内容】

□教員を目指したきっかけ。

□卒業論文のテーマ，研究をいかしてどのような指導するか。

□強みを生かして，やってみたい学級経営はどのようなことか。

□教育実習に行ったか，何が大変だったか，嬉しかったことは何か，研究授業で工夫したのはどんなところか。

□なぜ大学で6年つづけた吹奏楽部に所属しなかったのか。

□何の楽器を吹いていたのか。

【場面指導課題】

□宿題をやってこない児童に対してどうするか。

□塾に通っているから宿題はいらないと言われたらどうするか。

□家庭の事情で宿題ができる時間がとれない子に対してどう支援するか。

□「(担任の)先生と私(保護者)との教え方にズレがある。」とクレームがきたらどう対応するか。

※個人面接の中で聞かれる(ロールプレイはなし)。

▼小学校全科

【質問内容】

□自分で模擬授業のコメントをせよ。

□大学の専攻は特別支援教育専攻で間違いないか？　なぜ小学校なのか？

□兵庫以外に出願はしているか。

□海外の経験で得たものは何か。

　→それをどう教育に生かしていけそうか？

　→その時の注意点は？

□外国にルーツのある児童に対する支援でどのようなことがされているか知っているか？

□スクサポで何か活動日毎に注意点等は教員から言われるか？

□学校でのルールに関してどのように考えているか？

　→児童が理不尽な要求をしてきたときと言ったが，具体的には？

　→宿題をなくしてほしいと言われたときはどうする？

　→宿題の意義を説明するといったが，どう説明する？

　→自分は宿題の必要性を理解したとあったが，何かきっかけはあるか？

□教員の厳しさと優しさとは？

□いろんな経験をしてきたと思うが自分にいま足りないと思うところは？

□憧れた先生がいると言ったが，どんな先生だったか？　そんな先生

　になれそうか？

□多忙化について言われているが，あなたの考えは？

□専門性の共有で大切にしたいことは？

□他のクラスの先生からUDなんて間違ってると言われた時は？

【場面指導課題】

□保護者から児童が嫌がらせを受けていると言われた時にどう対応するか？　加害と被害の児童への対応をそれぞれ。両者の意見が合わなかったら？

▼小学校全科

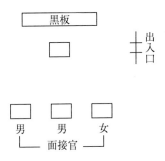

※模擬授業が終わりそのまま個人面接を行う。

【質問内容】

□志望動機

□願書から

□授業づくり

□信頼関係

□コロナ関係

　→コロナで学校にとってプラスなことは何か。

【場面指導課題】

□毎日宿題を忘れてくる子がいた場合。

□親から家の子が特定の子にいじめられていると言われた場合。

□学級開きで子に伝えたいこと。

▼小学校全科

【質問内容】

□願書からの質問

□模擬授業からの質問

【場面指導課題】

□給食の食缶を落として給食がなくなった時，どうするか。

・落ち着いて答えること。

▼小学校全科

配置図

【質問内容】

□どうして兵庫県を志望したのか。

□サッカー部のキャプテンとしての苦労は何か。

□教育現場においての武器，弱点，伸ばしていきたい部分はどこか。

□自己PR

□「採用地域希望優先制度」を使っているのはなぜか。

・兵庫県小学校区分の面接は，受験者が応えた内容から「これはどう
　いうことか」「こういうときは，どうするか」というふうに質問が
　くる。面接ノートなどをつくる際，志望動機，自己PRなどの必ず聞
　かれるであろう質問に対するモノは特に「ココが，つっこまれそう
　だ」「この部分を詳しく聞かれたら，こう応えよう」と考え，作成

したほうが，より効果的。

・声のトーンとスピードを大切にした。具体的には，大切な部分，自分で最も伝えたい部分は，大きく，ゆっくりを意識した。

・大学生活でのこと，保護者対応，特別支援など様々な角度から質問がくるが，「こういう教員になりたい」「教員になってこういうことをしたい」ということを明確に持っていれば，回答もブレない。

【場面指導課題】

□宿題を毎日忘れてくる子どもに対してどう指導するか。

□「Jリーガーになるから，算数なんかしなくていい」という児童に対して，算数の必要性が伝わるように指導せよ。

□初めての保護者懇談を想定して挨拶をしてみよ。

▼小学校全科

【質問内容】

□これまでの経歴について。

□なぜ兵庫県か？

□どんな教員になりたいか。

□給食が苦手な子にどう対応するか？

□授業で気を付けていること。

※エントリーシートの作文の内容から質問されることが多い。

【場面指導課題】

□「子どもが学校に行きたくないと言っている。」と保護者から連絡があったら，どう対応するか。

▼中学英語

【質問内容】

□志望理由

□中学でどんな部活を持たされても大丈夫か。

□教員になるために，まだ自分が足りてないと思うところは何か？

□公務員の義務は何か？

・面接官が3人いて，それぞれから5〜6問質問された。

・法規もしっかり勉強した方が良いと思う。

【場面指導課題】

□授業中に1人の子がケンカをして教室から飛び出した時はどうするか？

□親から電話がかかってきて，子どもが学校に行きたくないと言ってると聞いてどうするか。

・報告，連絡，相談は大切だと思う。

▼中学家庭

※面接官3人(男性1名，女性：2名　うち1名は家庭科)

【質問内容】

□緊張しているか。

□よく眠れたか。

□(模擬授業が明るかったので)いつもこれぐらい明るいか。

□友達からはどのような存在と言われるか。

□あなた自身はどのような存在と思うか。

□コロナ自粛中何をしていたか。

□ここ最近で感動したことは何か。

□ストレス発散法は何か。

□長所は何か。

□短所は何か。

□教師を目指し中学家庭を選択した理由を端的に答えよ。

□コロナで学校に来ることができなかった生徒に対してどのようにして学力を把握し向上させていくか。

　　→具体的にどのようにして実施するか？

▼中学社会

【質問内容】

□教師を目指した理由

　　→大学生まで思っていなかったのか。
□部活動ではどんな役割にあたっているか。
□部活動で得られたことをどう子どもたちに伝えていくか。
□卒業論文のテーマについて
□ストレス解消法
□目指す教師像
□生徒会で何を学んだか。どう活かすか。
□生徒会での失敗はあったか。挽回できたか。
□長所と短所。長所をどう活かすか。
□教師の残業時間問題についてどう思うか。
□部活動で未経験の部の指導を頼まれたらどうするか。
□若手教師の離職があるが，続けられるか。
　　→それはなぜか。
□社会科のおもしろさを生徒たちに伝えるためにどうするか。
　　→その根拠は。
□ICT教育。授業に活かせそうか。
　　→どう活かすか。
【場面指導課題】
□コンビニエンスストアの店員から「あなたの学校の生徒がたむろしている。どうにかしてほしい。」と電話がかかってきた。どうするか。
　　→管理職の先生とコンビニエンスストアに行くことになった。すると，自分の担当する生徒だった。どのような指導をするか。
□子どもたちが入学してきて初のHR。どのような声かけをするか。
　　→どのような学級目標を立てるか。
□保護者からクレームのような電話があった。どうするか。
　　→近くに管理職の校長や教頭がいなかった。どうするか。

▼中学数学
【質問内容】

□なぜ中学校志望か
□学部の時の専攻に関して
□特技に関して
□部活動に関して(運動部を指導できるか)
□不登校の子どもをどうにかして学校に来させようとする指導についてどう思うか。
□防災教育をどう生徒指導に活かせると思うか。
□大学院での研究内容の説明
□大学で受賞した賞に関して
□出身の市，中学校に関して
□仮に落ちたらどうするか。
□数学が苦手，嫌いな子に対してどうするか。
□自分が優れていると思う点。
□自分に足りないと感じている点及びそれに対してどうしていくのか。
□現場は大変だけど大丈夫か。
□教師以外の就活をしているか。

【場面指導課題】
□保護者が「子どもが学校に行きたくない」と言ってきたときの対応の仕方。

▼中学数学
【質問内容】
□部活動の経験について
　→キャプテンで苦労したこと。
　→どう乗り越えたか。
　→どう教育に活かすか。
　→部活動を通して学んだことは何か。
　→どのようにして生徒に伝えるか。
　→具体的なプランはあるか。

□特技について
　　→特技から何を学んだか。
　　→どう教育に活かすか。
□教員の義務について
　　→1番大切だと思うことは。
□教員の多忙化は何が原因か。
　　→(部活動が関わっていると答えた)どのようにして部活動に取り組
　　　むか。
□生徒指導とは何か。
　　→生徒指導で生かせるあなたの力は。
□教師になったとしてあなたにまだ足りない力は。
□中学校を志望した理由。
□今までで苦労したこと(部活以外)。
　　→どう克服したか。
【場面指導課題】
□授業中2人が喧嘩し，1人が教室を出て行った場合どう対応するか。
　　→具体的にどのように他の教師に協力を得るか。
・試験官の人は優しく，終始良い雰囲気で面接できました。

▼中学理科
【質問内容】
□なぜ教員を志望したのか。
□他の受験者には負けないような点はあるか。
□公務員の決まりはどの法律に書かれているか。
　　→公務員の義務をいくつか答える。
□理科が好きになったきっかけなどはあるか。
【場面指導課題】
□授業中に2人の生徒が喧嘩をして，1人が教室から出ていった時の対
　　応を具体的に。

▼中学理科

【質問内容】

□なぜ教師を志望したか。

□高校と悩んだか。

□学級崩壊の原因は何か。

□今の中学生に欠けている力は。

□ボランティアでの経験とそのときの対応。

□部活で得た力(具体的なエピソードも)。

□教師になったときその力をどう生かすか。

□理科の授業で大切にしたいことは。

□具体的に何をするか。

□希望の部活を持てないかもしれないがどうするか。

【場面指導課題】

□学校に行きたくないという生徒にどう対応するか。

・答えに対する追質問がかなり多い。

・模擬授業のあとにそのまま行う。

▼中学保体

【質問内容】

□(願書から)あなたの志望動機について答えよ。

□(願書から)経歴の在家庭だった期間に何をしていたのか。

□(願書から)2年前は中学校，現在は高校で勤務しているがそれはなぜか。

□(願書から)部活動はサッカーを続けてきたということだが別の部活動を担当となった場合どうするか。

□人とのつながりを大切にしていると話していたが，授業でそのことを意識していることは何かあるか。

　→具体的にどんな単元でこうしているという実践例を答える。

□チームスポーツの場合はどのようなことについて意識しているか。

□現在○○高校での勤務で，困ったことは何か。

□授業のどんな時に喜びを感じるか。

□人のつながりを大切にするという考え方はどうやって身に着けてきたのか。

□授業指導・学級指導でのモットーをそれぞれ答えよ。

□最後にあなたは周りからどのような性格の人だといわれるか。

【場面指導課題】

□保護者から「子どもが学校にいきたくないと言っている」と連絡があった。どのように対応するか。

　→実際にそのような経験はあるか。またその際はどのような対応をしたか。

▼中学保体

【質問内容】

□どうして中学校が良いのか。

□コミュニケーションについて。

□やってきた部活動について。

□部活動，生徒指導，教科指導それぞれの側面について。

□なりたい教師像。

【場面指導課題】

□学校に何日間か続けて来られていない生徒への対応の仕方(実際にやるのではなく，説明する)。

・女性1名，男性2名の面接官で圧迫面接のように感じた。

▼高校英語

【質問内容】

(教育委員会職員の方からの質問)

□コロナの状況下でどのように過ごしていたか，また気になることはあったか。

□高校で希望されていて，中学も希望されている。そのきっかけは何か。

・中学を希望したきっかけを答えた。

□高校で働いているあなたの強みは何か。

□大学時代にどんなことを頑張ったか。

□大学時代に英語以外で夢中になったことはあるか。

□教職生活の中で苦労したこと，またどのように克服したか。

□(1年間ECCの平日特殊コースに通っていたので)この経験から学んだことは何か。

(指導主事の先生からの質問)

□(模擬授業に関して)授業の流れに書く活動を入れると言われたが具体的にどのようにするか。

□ワークシート等を使用するのか。

□普段の授業でしていることは何か。

□(文法事項を段階的に練習させて自信をつけさせている，と答えたので)その過程を通して生徒ができることは何か，またどのような意図があるのか。

□中学・高校での指導で難しいことは何か。

□生徒との関わりの中で壁にぶつかったことがあると言われたが，具体的にどのような経験か(最初の面接官の方に「教職生活の中で苦労したこと，またどのように克服したか。」と聞かれたその解答に関連した質問を受けました)。

　→またその経験から学んだことは何か。

□生徒の自己肯定力をどのように伸ばすか。

　→(ほめると言ったので)それだけで伸びますか。

(管理職からの質問)

□緊張していますか。

□思春期と言われたが，関わる中で難しいこともある。どのように生徒と関わるか。

□中学生は特に英語嫌いな子が多い。どのように教科指導をしていくか。

□(学歴が中学から大学が女子校だったため)共学に勤めた時困ったこ

とはなかったか。

□ボランティア・留学経験について。

【場面指導課題】

□保護者から，うちの子が学校に行きたくないと言っていると電話があった。どのように対応するか。

・模擬授業後，個人面接がすぐに始まる。願書の内容からの質問が多くあった。指導主事の先生からは，普段の授業でしていることについて深く質問された。

・私は講師をしているので，現場の教頭先生に練習を見ていただき，指導をしていただいた。家ではYouTubeにある面接練習動画を参考にし，1人で言いながら練習した。

・過去問を見てどんなことを聞かれてもいいよう，考えをまとめ，準備をすることが良いと思う。

▼高校国語

【質問内容】

□教員志望理由

□特技について。

□今までに苦しかったこと，辛かったこと。

□最近の気になるニュース。

□現在の勤務(講師)について。

□教員は世間とズレていると言われることについて。

□友人からどんな人と言われるか。

□あなたを採用しなかったら，兵庫県がこんな損をするというアピールを。

【場面指導課題】

□授業中，生徒が受験勉強といって，他の勉強をしていたらどうするか。

　→かなり何度も，具体的な答えを求められた。

□文化祭を行うとき，クラスの生徒にどのような指導するか。

▼高校保体

【質問内容】

□教員をめざしたきっかけ。

□なぜ高校か。

□体育教員に必要な資質を3つ。

□2分で自己アピールと，あなたを採用するメリット。

□現代の教育の課題

□兵庫の子どもの体力の現状

・難しかったのはこれぐらいで，あとは基本的な事が多かった。

・追質問が必ず3～4つされる。

・会話しているイメージだった。

【場面指導課題】

□通学マナーが悪いというクレームへの電話対応。

▼養護教諭

【質問内容】

□部活動，職歴について。

□今の職場でしんどかったこと。

□なぜ今の職場で働いているのか。なぜやめて養教になりたいか。

□養教にとって大切なこと。

□どんな養教になりたいか。

□どんな保健室にしたいか。

【場面指導課題】

□歯科受診をしない子の親への指導。

□保健室にいりびたる子への指導。

□教室でパニックを起こした子への対応。

□担任と意見がくいちがったらどうするか。

▼養護教諭

【質問内容】

□短所はどこか，どうしてそう思うか，克服できるか。

□他に自分についてどのような人だと考えるか。

□健康診断の目的は。

□信頼される養護教諭とは。

□新型コロナに対する考え。

□教職員間の連携をどのように取るか。

□オンラインゲームへの考え。

□発達障害への考え。

□養護教諭の責任とは何か。

【場面指導課題】

□歯科検診の受診(病院での)を忙しくて出来ないため，学校で連れて
　行ってと親に言われたらどうするか。

▼栄養教諭

【質問内容】

□自己PR

□兵庫県を選んだ理由。

□なぜ教員を目指すか。

□教育実習の体験について。

◆実技試験(第2次選考)

　※全科共通携行品　受験票，筆記用具(鉛筆，消しゴムを含む)，上ぱ
　　き

▼小学校・特別支援

【音楽課題】

□歌唱「もみじ」(文部省唱歌)

※無伴奏，任意の調。

□器楽「まきばの朝」(文部省唱歌)

※キーボード，鍵盤ハーモニカまたはソプラノリコーダーのいずれか

を選択して演奏。

※歌唱，器楽ともに楽譜をみながらの演奏も可(会場の楽譜を使用すること)。

※器楽にて，キーボード以外の楽器(鍵盤ハーモニカ，ソプラノリコーダー)を使用する場合は，各自で持参する。

もみじ

文部省唱歌

あ　きのゆう　ひ　に　　て　るーや　ま　　も　みーじ

こ　いもう　す　い　も　　か　ずーある　　な　かに

ま　つをいろ　ど　る　　か　えーでや　ー　つたは

や　まのふ　も　と　の　　す　そーもよ　う

まきばの朝

文部省唱歌

【体育課題】

□器械運動(マット運動)

①側方倒立回転

②前転からジャンプ $\frac{1}{2}$ ひねり

③伸膝後転

※上記①〜③を連続して行う。

□ボール運動　バスケットボール(5号球)

①パス，ピボット

②ドリブルからジャンプシュート(レイアップシュート)

③リング下左右からのジャンプシュート

④ジグザグドリブル

※上記①〜④を連続して行う。

※運動のできる服装，体育館シューズ(上ばきとは別のもの)を持参する。

▼小学校全科

【音楽課題】

□歌唱(アカペラ)「もみじ」

・1音とってからアカペラで歌う。

□器楽「まきばの朝」

・楽譜は見てもよい。

【体育課題】

□マット

側転→前転→$\frac{1}{2}$ひねり→伸膝後転

□バスケットボール

ピボット→ドリブル→レイアップ→シュート→ジグザグドリブル→パス

▼小学校全科

【音楽課題】

□歌唱「もみじ」

□器楽「まきばの朝」

※本年度はコロナウイルス対応のため，試験教室には一人ずつ入室。廊下や隣の教室で入室直前は待機した。

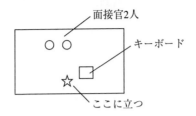

【体育課題】

□マット運動

準備体操(全員)→説明→2回練習(1回でも良い)→試験

□バスケットボール

説明→見本(試験官が実践して下さいます)→練習一回→試験

・マットもバスケットボールも基礎を見られていると思う。シュートが外れた等はあまり関係ないと思った。

▼小学校全科

【音楽課題】

・歌唱, 器楽ともに練習の時間はなかった。

・1人ずつ部屋に入って試験を受けた。

【体育課題】

□マット運動

1. 側転　2. 前転→つなげて　3. $\frac{1}{2}$ ひねり　4. 伸膝前転

□バスケットボール

実演あり→1. パス　2. ピポット　3. レイアップ　4. ゴール下　5. ジグザグドリブル　6. 片手ロングパス

▼小学校全科

【音楽課題】

□歌唱「もみじ」

・アカペラで1人で歌う

□器楽「まきばの朝」

・キーボード，リコーダー，鍵盤ハーモニカのどれかを使い演奏。

【体育課題】

□マット運動

側転→前転→$\frac{1}{2}$ひねり→伸膝後転

□バスケットボール

パス(2回ほど試験官の方相手に)→ピボット→ドリブル→レイアップシュート→サイドからシュート→ジグザグドリブル→ロングパス

▼小学校全科

【音楽課題】

□歌唱「もみじ」

※一番のみ，無伴奏。

※声出しは一回できる(10秒)。

・歌のテンポをきちんと分かっておく必要がある。

□器楽「まきばの朝」

【体育課題】

□マット運動

側転→大きな前転→$\frac{1}{2}$ひねりジャンプ→伸膝後転

□バスケットボール

パス3回(面接官と)→ドリブル→レイアップ→左右シュート→ジグザグドリブル→ロングパス)

▼小学校全科

【音楽課題】

歌唱と器楽の演奏

【体育課題】

マット運動とバスケットボール

※所要時間は4時間。

・コロナの影響で運動できる服装で受験会場に来るようにという指示があった。

・体育実技に関して，服装は自由とあるが，講師の方は襟付きの白い
　Tシャツに長ズボンのセットで，友人の講師によると襟はついてい
　る方が良いらしい。僕は半そでで半ズボンでかなり浮いていた。合格
　できたので服装が評価に関係することはないが，服装が違うことで
　焦ってしまう可能性があれば，長そで襟付き長ズボンで行くことを
　お勧めする。

・音楽実技に関しては，主旋律だけなのでピアノがお勧めです。リコ
　ーダーと鍵盤ハーモニカは吹く息の強弱が難しいと音楽科の友人に
　アドバイスもらった。また，ピアノは待ち時間に練習したいと思う
　ので，鍵盤ハーモニカがある人は，チューブを外したものを持って
　いった方が，待ち時間に最後の指の確認ができるので良いです。ま
　た，携帯が見られないので楽譜はプリントアウトしておいた方が安
　できる。

・集合時間の30分以上前に来ないようにという指示有。入校時に受験
　票のチェックと体温のチェックを行い，教室に入る。冷房はついて
　いるが窓も開けているので，ジャケットが必要なほど寒くなった印
　象はない。感染防止のためか，受験番号によって集合時間がかなり
　異なっていた。そのため，待ち時間は20分ほどしかなく，緊張する
　間もなく試験が始まりいつの間にか終わっていた。

▼小学校全科
【音楽課題】
□歌唱「もみじ」
※アカペラ。
※スタート前10秒ほど声出しOK
□器楽「まきばの朝」
※キーボード，鍵盤ハーモニカ，リコーダーのどれかを選んで行う。
　主旋律のみ。
【体育課題】
□マット運動

側方倒立回転，前転，180°回転ジャンプ，伸膝後転
□バスケットボール
ピボット，レイアップシュート，ドリブル，パス

▼小学校全科
【音楽課題】
□歌唱「もみじ」
□器楽「まきばの朝」
【体育課題】
□マット運動
側転，前転，$\frac{1}{2}$ジャンプ，伸膝後転
□バスケットボール
・笑顔で楽しく全力で。

▼小学校全科
【音楽課題】
□歌唱「もみじ」
・歌唱では，楽譜(HPに載せられている)があり，無伴奏(アカペラ)で
　歌う。ただし，10秒間程キーボードを使って，音の確認ができる。
□器楽「まきばの朝」
・楽譜(HP)がある。コロナの関係で距離があったからか，手元は見ら
　れなかった。
・私自身，歌唱は，表情を意識し，演奏は拍を意識した。
【体育課題】
□マット運動
側転→前転＋$\frac{1}{2}$ひねり→伸膝後転
※裸足か靴下で行い，指先も評価に入る。
※練習の時間がある。
□バスケットボール
ピボット→ドリブル→レイアップ→ゴール下シュート(左右)→ジグザ

グドリブル→両足ストップ→ワンハンドパス。

※練習の時間がある。

・マットは，技は素早く，間はしっかり止まることを意識し，バスケは，レイアップ時の膝の高さなど，フォームを意識した。

▼小学校全科

【音楽課題】

□歌唱「もみじ」

※1番のみ独唱。

□器楽「まきばの朝」

※旋律のみ(片手)。

【体育課題】

□マット運動　20人1組　約15分

(全体)練習2回→本番

側転→前転→ジャンプ$\frac{1}{2}$ひねり→伸膝後転

□バスケットボール　20人1組　約15分

(全体)練習1回→本番

ピボット→ドリブル→レイアップシュート→ジャンプシュート(左右)→ジグザグドリブル→ワンハンドパス

▼中学・高校英語　(約30分)

【課題】

□英語によるコミュニケーション能力テスト

※辞書(電子も可)を持参する。ただし，携帯電話，タブレット端末の辞書機能は不可。

▼中学英語

【課題】

□「How do you use ICT to improve stuednts' English ability」

※15分間与えられるので，紙に自分の意見や考えを書き出したりする。

その後ALTと英語の先生2人の面接官のいる教室にグループで移動する。

※(4人)1人ずつ3分以内で英語で与えられたテーマについてスピーチし，その後ALTの説明に従って15分程英語でグループでディスカッション。

・最初にテーマがかかれてある紙が封筒に入れられており，私のテーマは「How do you use ICT to improve stuednts' English ability」のようなもので，もう1つはオンライン授業のメソッドとデメリットについてだった。

▼高校英語　面接官2人　受験者4人　約25分
【課題】
□"What do you think are the advantages and the disadvantages of teaching English lessons online?"
□"How do you use ICT to develop student's ability ?"

※受験者4名，面接官2名(日本人1名，ALT1名)フェイスシールドが配布され，それを着用し，受験した。

※実技は英語での討論がメインだが，事前に別室でスピーチを作成する。作成時間は15分で，スピーチは3分以内で行う。

※スピーチ作成中は辞書使用可能。

※討論は受験者全員のスピーチが終了後始まる。ALTが各スピーチ内容に基づいた質問をし，その内容について受験者同士が討論していくという流れ。

・準備としては普段から英語で話ができるよう練習しておくこと。即座にスピーチ文が作れるよう練習しておくことだと思う。

▼中学・高校音楽
【課題】
□新曲視奏(アルトリコーダー)
□弾き語り

□和楽器演奏(任意の楽器，任意の幽)

※選考試験係で用意する楽器は箏，和太鼓のみ。その他の和楽器は，各自で用意する。

□専門実技

※アルトリコーダー，専門実技に使用する楽器は持参する。

▼中学・高校家庭　受験者6人1班　30分

【課題】

□被服，食物に関する基礎的・基本的な技術

※裁縫用具，実習用白衣，三角巾を持参する。

▼中学家庭

【調理課題】

□ハンバーグ・ニンジンのグラッセ・きゅうりの千切りを30分で完成させる。

※理想は片付けまでだが間に合わなくてもよい。10分延長で片付けはできる。

※袋の中に玉ねぎ・ニンジン・きゅうり・バターが入っていて，必ず使う材料。外に卵・ひき肉・牛乳・自由調味料(塩コショウ・ナツメグ・パン粉・ケチャップなど)ボウル大小・ざる・フライパン・ゆきひら鍋・包丁・木のまな板が用意されている。

※何か作業をするたびに試験官が記入する。

※A4のプリントに切り方は記載されているが調味料や分量，手順はなし。

・家庭科の試験3級でハンバーグ・グラッセを40分で作る内容があったらしい。

【被服課題】

□袖なしベストの製作を30分で行う。

※3つの手順が書かれている。

※1は首周りのバイアステープ，2は脇を縫う，3は裾を処理する。

※バイアス以外は，ミシンでの縫い方が書かれており自分の前にすべての材料がそろっている(ミシン・チャコペン・チャコペーパー・ルレット・糸きりばさみなど)。

※定規のみ机の上に置いてあるものを使用する。

▼中学・高校理科

【課題】

□実験・観察

※実験用白衣は持参する。

▼中学理科

【課題】

□タマネギとピーマンの細胞の観察

※8人同時に行う(1グループ8人，全4グループ)。

※片付け込みで30分。

①ピーマンの皮でプレパラートを作り，細胞を観察して見つけることができた細胞小器官を書く。

②タマネギの皮を染色してプレパラートを作り，細胞を観察して倍率を記述してスケッチを行う。

③生徒にピーマンでなくタマネギを用いて実験させる際の適切なねらいとその理由を書く。

④片付

・一般教養に教職教養の内容を含む。

・実技は時間に余裕があったので，2回ぐらい実験・観察できる。また，カバーガラスを1枚割ってしまったが，採点には影響がなさそうだった。

▼中学理科

【課題】

□タマネギの内側の細胞とピーマンの外側の細胞を顕微鏡で観察す

る。

※一人で実験を行う。

※30分で片付けまで行う。

※仕切りがあり，他の人は見えない。

※横で試験監督が見ており，ときどき何かを記入している。

※器具等は用意されている。

※監督に顕微鏡を見せるように指示がある。

※用紙を見ながら操作を行い，スケッチをする。

※見えた細胞小器官の名前を書く。

※ピーマンの細胞を観察させる目的を書く。

※白衣は持ってくるよう指示があるが，暑いので着なくてもよいと指
　示がある。

▼中学・高校保体

【課題】

□器械運動

□陸上競技

□水泳

□球技(バスケットボールまたはバレーボール)

□武道(柔道または剣道)またはダンス

※運動のできる服装，体育館用シューズ，屋外用シューズ，水着，水
　泳帽(ゴーグルの使用可)，柔道衣または剣道用具またはダンスので
　きる服装を持参する。

▼中学保体

【課題】

□器械運動

片足水平バランス→伸膝前転→側方倒立回転→2分の1ひねり→伸膝後
転

□陸上競技

ハードル(50mにハードル5台)

□水泳

個人メドレー　バタフライ25m→背泳ぎ25m／平泳ぎ25m→クロール25m

□球技　バレー(又はバスケ)

アンダーパス5本，オーバーパス5本，スパイク3本

□(武道)またはダンス

創作ダンス(約50秒程度の曲)

※4つのグループを作成(女，男，男，男)グループごとに行う。

▼高校保体

【課題】

□器械運動

マット　男性は①伸膝前転→②倒立前転2分の1ターン→③伸膝後転→④後転倒立→⑤前方倒立回転跳び(女性は①正面片足，水平立ち)

□陸上競技

ハードル(55mハードル5台，タイム)

□水泳

バタフライ→背泳ぎの50m，休憩，平泳ぎ→クロールの50m

□球技

バレー　左右にふられたボールを，アンダーハンドで5回，オーバーハンドで5回返す，スパイク3本(レフト，センター，ライトから自由にえらべる)

□武道またはダンス

柔道(後ろ受け身，横受け身，前回り受け身，打ち込み2回からの技1種，寝技1種)

・面接で笑顔ではきはき話す，軸をしっかりもっておけば，多少実技ができなくても大丈夫。

・1次でかなり落とされるので，まずは筆記の勉強をしっかりするべき。

▼中学・高校技術

【課題】

□ものづくりに関する基礎的技術

□パソコンに関する基礎的技術

※実習服及び運動靴を持参する。

▼中学・高校美術

【課題】

□鉛筆デッサン

□基礎デザイン(色彩構成)

※鉛筆デッサン用具一式，平面デザイン用具一式(ポスターカラー等)，
　30cm直定規を持参する。

※上記用具には画板(カルトン)を含む。

▼中学・高校工業

【課題】

□機械：機械に関する基礎的技術

□電気・電子：電気・電子に関する基礎的技術

□建築：建築に関する基礎的技術建築

※機械：実習服，実習帽，安全靴。電気・電子：実習服・実習帽。
　建築：実習服を持参する。

▼中学・高校書道

【課題】

□毛筆・硬筆

※書道道具一式(2B鉛筆含む)，30cmの直定規を持参する。

▼中学・高校商業

【課題】

□コンピュータの活用技術

▼中学・高校情報
【課題】
□コンピュータの活用技術

▼養護教諭
【課題】
□養護教諭の職務に関する基礎的技術
※動きやすい服装を持参する。

▼養護教諭　面接官(生徒役・採点者)2名　受験者1名
【課題】
□高校生(女子)が登校中，自転車で転倒。右膝擦過傷あり。
□小2女児。エビアレルギーあり。給食中呼吸器症状出現。エピペンデモあり。
□回復体位を自ら実施。
□小1に対し，正しいマスクの着け方，はずし方の指導。
※面接官は受け答えなし。
※問診，視診～保健指導まで行う。
※各課題，1つ終われば一旦退室し，次の問題になると再度入室といった流れ。問題はA4用紙に書かれており，試験開始したら読み込む時間も試験時間に入っている。
・あわてて読んだが，試験時間が余ったので，もう少し落ちついて読めばよかった。

▼養護教諭　25分
【課題】
□自転車から転倒した高校生が左膝を負傷して来室した。問診，視診，救急処置をしなさい(5分)
□小学校2年生の女子が給食後教室で咳をしている。問診，視診等，救急処置をしなさい。学校生活管理指導表。エピペンが置いてある。

(3分)

□その後自分で回復体位を取りなさい。

□小学校1年生の児童1人に対して，マスクの正しい付け方，外し方，捨て方を指導しなさい。(3分)

2020年度　面接実施問題

◆集団面接(1次試験)　面接官2人程度　受験者8人程度　20分
　▼全区分
【テーマ】
□教員のやりがいについて
□教員に必要な指導力について
□信頼される教員について
〈評定項目〉
※下記の評定項目に基づいて3段階評定で実施する。

評定項目	主な内容
(1) 健 康 度	困難を克服する精神力や健康性に関する評価
(2) 積 極 性	仕事に対する意欲や情熱に関する評価
(3) 共 感 性	児童生徒に対する共感性に関する評価
(4) 社 会 性	周囲とのコミュニケーション能力に関する評価

　▼小学校全科
・講師の人が両極端で，全く話さない人もいれば，話しすぎている人
　もいた。
・討論というより主張し合いになった。そんな中でも周りの意見を聞
　いたり，まとめたりしている様子が見られた。

　▼小学校全科
【テーマ】
□教員のやりがいについて
※メモはとってよい。
※テーマは面接室に入ってから教えられる。
・司会は立てても立てなくてもよかった。
・発言は1分程度でまとめる。
・全員が3回程度発言した。同じ人が何回も続けて発言するのは，協

調性に欠けると判断される。

▼小学校全科

※3つのテーマが試験日の10日ほど前に出され，当日どれになるかは
　試験が始まってから分かる。

・発言は1人3〜4回ほどが好ましいようであった。

・講師経験のある人がグループ内に半分ほどいた。

▼小学校全科

・20分しか時間がないので，いかに端的にアピールできるかがコツで
　ある。

・1番に発言できたのがよかった。

・1番目に話して，話の枠組み(柱)を立てられたら強いと思う。

・前に出すぎず，引きすぎず，共感を大切にすることが大事だと思う。

▼小学校全科

・同じ受験者の人の話をしっかり聞くことが大切だと感じた。

▼小学校全科

【テーマ】

□信頼される教員について

・他の受験生が仕切ってくれたので，内容に合わせて1回40秒ぐらい
　の意見を4回話した。

・大学の友人と，討論はよく練習した。

・最後は他の人とタイミングがかぶった。譲ったが，譲られた人も短
　めに話していて，最後少し話すことができた。その人も1次合格し
　ていた。

▼小学校全科

・発言回数が多ければ良いというものではないと思う。

・3〜4回発言しても1次試験を通っていない人もいて，私のグループ
　で合格した人は2回しか発表していなかった。
・周りの意見をしっかり受け入れ，その上で言いたいことをしっかり
　言うことが本当に大切だと思う。

▼小学校全科
【テーマ】
□信頼される教員について
※メモをする時間もある。
※終了3分前になると，面接官が知らせてくれる。
※挙手制で，付け加えも含め，自分の意見を話す。

▼中学国語
※3つのテーマのうち1つを当日のその場で発表され，「はいスタート」
　で話し合った。
・司会はどちらでもよいとのことだった。
・残り2分で声をかけられるまでは試験官は何も言わなかった。右側
　の人はひたすらメモをとっていた。
・集団討論全員が落とされた。練習をかなり重ねてもわからなかった。
・評価規準が分からないので，対策のしようがなかった。

▼中学理科
・満遍なく全員が発言できるようにするべきだと思った。
・司会は別に必要ないと思う。
・協調性は，相槌・笑顔が大事だと思った。
・始めからよいことを言おうとは自分はしなかったが，大丈夫だった。

▼中学家庭
※3つのテーマ(事前にホームページで提示される)から1つ，討論が始
　まってから，面接官が提示し，約15分間討論を行う。

※自由討論で結論は出さない。

・周りの意見を肯定しながら，それにつなげて自分の意見を言うように
　　した。

・3回ほど発言できればOKだと思う。

・1回の発言は30秒程度ですませるとよい。

▼中学家庭

※テーマは約2週間前にホームページにて発表されるので，テーマに
　　ついて事前に考えておく。

【テーマ】

□教員に必要な指導力について

※20分間自由に話し合う。

・同じ受験者の意見に対して反対しない。

・相槌をうちながら話を聞くようにした。

▼高校地歴

【テーマ】

□教員のやりがいについて

※A～Hに分かれ，挙手で意見を言う。

▼高校保体

※受験生(7～8人)でテーマに沿って話し合っていく。

※面接官は，残り時間を伝えるだけで何も発言しない。

▼栄養教諭

【テーマ】

□信頼される教員について

・なぜ今，「信頼について」が討論のテーマになっているのか，とい
　　うことを最初に発表すると終わってから他の受験者の方によかった
　　と言ってもらえた。

▼養護教諭
【テーマ】
□教員のやりがいについて
・集団の中でどのような役割をするのかを見られていると思う。
・人が言わない意見を言ったり，いったんまとめて要約したり，新しい話題をふったりと周りの状況をみて，より有意義な討論をするにはどう動けばよいかを考えて進めていくとよいと思う。

◆模擬授業(2次試験)　受験者1人に対し面接官3人程度　約15分
　※受験区分に応じて，約15分の模擬授業を実施する。模擬授業では，必ず板書を使用することとする(ただし，養護教諭区分受験者には，模擬授業にかえて，約8分間の模擬保健指導を実施し，板書を使用しなくてもよい)。
　〈模擬授業の分野〉
　※当日，下記の内容の分野から，具体的な教材が1つ提示される。
　▼小学校全科
　□国語(詩，文字)
　□算数(数量の関係を表す式，比)
　□社会(工業生産，租税の役割)
　□理科(植物の発芽・成長・結実，てこの規則性)
　※対象は小学校5年生，6年生。

　▼特別支援
　□生活単元学習

　▼中学国語
　□詩
　□俳句
　□漢文

▼中学数学
□1次方程式
□平面図形
□連立方程式
□平方根

▼中学社会
□世界の諸事情
□資源・エネルギーと産業
□明治維新
□国民の生活と政府の役割

▼中学理科
□音の性質
□植物の仲間
□化学変化
□霧や雲の発生

▼中学英語
□疑問文
□複文
□文構造
□現在分詞

▼中学技術
□材料と加工
□情報に関する技術

▼中学家庭
□食生活

□消費生活

▼中学音楽
□歌唱
□鑑賞

▼中学保体
□健康な生活と疾病の予防

▼中学美術
□デザイン
□版画
□自画像
□共同制作

▼特別支援
□生活単元学習

▼高校国語
□詩
□古文
□漢文

▼高校数学
□高次方程式
□軌跡と領域

▼高校地理，歴史，公民
※「世界史」「日本史」「地理」「現代社会，倫理，政治・経済」の中か
　ら1つを選択し，選択した中の下記の内容の分野から，具体的な教

　材が1つ提示される。

「世界史」

□魏晋南北朝

□ヨーロッパ世界の形成と展開

□ヨーロッパ諸国のアジア進出

□産業社会と国民国家の形成

「日本史」

□摂関政治

□中世社会と文化

□開国と幕府の滅亡

□第一次世界大戦と日本

「地理」

□世界の気候

□世界の資源・産業

□現代世界と日本

□現代世界の諸地域

「現代社会，倫理，政治・経済」

□人生における哲学・宗教・芸術のもつ意義

□日本国憲法における基本的人権の尊重

□日本の風土や伝統，外来思想の受容

□金融の仕組みと働き

▼高校物理

□音

□万有引力

▼高校化学

□状態変化

□遷移元素

▼高校生物
□生体物質と細胞
□生命現象とタンパク質

▼高校英語
□コミュニケーション英語Ⅰ

▼高校家庭
□衣生活
□子どもの発達と保育・福祉

▼高校音楽
□合唱
□鑑賞

▼高校保体
□現代社会と健康

▼高校美術
□デザイン
□絵画

▼高校書道
□鑑賞を生かした学習

▼高校看護
□臓器の機能
□ボディメカニクス

▼高校福祉
□医療の諸制度等
□介護過程の展開

▼高校情報
□情報のデジタル化
□情報社会における法と個人の責任

▼高校農業・園芸
□育成環境
□プロジェクト学習

▼高校工業(機械)
□機械に働く力と運動
□切削加工

▼高校工業(電気・電子)
□電気抵抗
□ダイオード

▼高校工業(建築)
□基礎工事と地業工事
□木構造(各部の構成と機能)

▼高校商業
□仕訳
□企業の形態と経営組織

▼高校水産
□水産物の加工

□船と暮らし

▼養護教諭
□眼科検診
□歯科検診
※小学校6年生対象

▼特別支援
□生活単元学習

▼栄養教諭
□食に関する分野
※小学校2年生，5年生対象

〈評定項目〉
※下記の選定項目に基づいて5段階評定で実施する。

	評定項目	主な内容
(1)	教材内容に関する知識・理解	教科等の専門知識に関する評価
(2)	構成力	授業の構成に関する評価
(3)	声・表情・所作	教員としての所作等に関する評価

▼小学校全科
※ストップをかけられるまで行う。
※必ず展開に入らなければならない。
・終了後に，自己評価を聞かれた。とても共感してくれたような言葉
　をかけられたが，評価には入っていないのかもしれない。
・面接官が優しくても厳しくても合否は関係なくつけられるものと痛
　感した。

▼小学校全科
【課題】

□算数「等しい比の値」

※板書は必ずする。

※面接官が手を挙げるが，あてるようにとの指示である。

※面接室に入る5分前に課題が出されて考える時間がある(教科書のコピーが渡される，書き込みOK)。

※最初の1分間でねらい，授業の流れを説明する。

※板書の字もすべて見られているので丁寧に書く。

※授業後は模擬授業について質問される。

【質問内容】

□模擬授業に点数をつけるとすれば何点か。

　　→それはなぜか。

□改善するところはあるか。

□児童の間違った発言に対してどう対応するか。

□比の面白さは何か(単元について)。

・午前と午後で教科は違う。

・面接時間が一緒の人は，内容は同じだった。

▼小学校全科

※個人面接内で構想5分，授業説明1分。

【課題】

□国語「詩／字」

□算数「数量関係／比」

□理科「植物の発芽・成長・結実／てこ」

□社会「工業生産」

※試験時間5分前に教科書1ページ分のコピーが配られる。

※導入→展開までの約13分ほど。

※授業前にねらいを聞かれる。

・面接官の方が積極的に手を挙げたりして子ども役を演じてくれた。

【質問内容】

□自己採点・ふりかえりをせよ。

▼小学校全科

※構想5分，質問3分。

【課題】

□5，6年生理科「花のつくり」

・国・社・算・理から各2単元，大まかな範囲が出題されている。

・教室に移動(前の人を待つ時間)して，5分間教科書の写しを見て，授業を構想する。

・どの授業になっても瞬時に授業の流れを構想できるように考えて(準備して)おくことが大切だと思った。

▼小学校全科

【課題】

□6年算数「比」(啓林館)

※控室から試験会場に移動する直前に教科書のコピーが渡される。

※試験開始5分前に中を見てもいいという指示があり，授業をつくることができる。

※模擬授業前に1時間の流れを説明する。

【質問内容】

□授業の反省点を述べよ。

□板書で工夫したことは何か。

▼小学校全科

【課題】

□社会「税金」

・事前に大学の先生や友人にも見てもらっていたので，5分で作ること自体は難しくなかった。ただ，やり始めると思っていた感じと少し違っていた。

・「税金について，身の回りにはどんなものがあるかな」と発問すると，子どもが「教科書の裏に税金で購入されているよ」という意見を発言するというかたちで進めた。

【質問内容】

□模擬授業の反省点は何か。

・思ったより導入が盛り上がらないと感じたことや，他の授業案について話した。

▼小学校全科

【課題】

※事前にホームページに出ている範囲で出題される。

※最初の1分程度で授業のめあてと45分の流し方を説明するので，授業自体は13～14分程度である。

※当日は控室を出てから模擬授業のプリントをもらい，面接室前へ移動したのち合図が出たらプリントを見ることができる。

【質問内容】

□(詩であれば)なぜ何度も音読したのか。

▼小学校全科

※最初にめあてとまとめを1分でまとめて伝えてから模擬授業開始。

【課題】

□理科「植物の結実」

【質問内容】

□授業は何点だったか。

□良かった点，悪かった点を述べよ。

▼中学理科

【課題】

□植物のなかまわけ

※面接約5分前に教科書のコピーが渡される。

・黒板を使い，導入だけでなく展開にも入れるように。

・アクティブラーニングを取り入れる。

・生徒がいると想定しながらやるとよい。

▼中学家庭

【課題】

□食生活

□消費生活

・「販売方法と支払方法」(東京書籍)

※課題は試験開始10分前に見ることができ，メモもとってOK。

※必ず板書を入れる。

※導入だけで終わらない。

※面接官が子ども役をしてくれる。

・ゆっくりはっきりにこやかにすること。

・しっかり間をとって授業を進めること。

【質問内容】

□自己評価は何点か。

□家庭科を教える上で苦手な分野はあるか。

▼中学家庭

※面接官を生徒と見なして授業を行うこと。

※初めに1分程度で授業のめあてと流れを説明すること。

【課題】

□「食品の表示」家庭基礎B食生活と自立より。

【質問内容】

□100点満点で何点だったか。

・笑顔で生徒(面接官)とやりとりをたくさんするようにする。

▼養護教諭

【課題】

□眼科健診の事前指導(小6対象)

・導入だけで終わらず展開まですること。

・少々の投げかけは返答してくれる。

・専門用語，教育的愛情，指導力のバランスが大切だろうと思った。

・今まで出会ってきた印象的な先生の授業を真似たり，落語を見てテンポの研究を行ったりした。

▼高校地歴
【課題】
□中世文学のおこり

▼高校保体
※入室後，荷物を所定の位置に置き，受験番号・名前を言う。
※単元の目標やねらいを1分間で簡潔に説明し，すぐに模擬授業に入る。
※試験官は，3人おり生徒役として参加してくれる。
※控室では，結果通知の返信用封筒を作成し，合格者候補名簿を提出した。
※模擬授業の注意点を説明される。
※控室から廊下に出た際に，模擬授業の教材が配布され，再度模擬授業の説明がなされた。
※面接室前に移動し，誘導係の合図により教材を見ることができる(直接記入は可能で5分程度)。
【課題】
□運動・休養と健康
【質問内容】
□自己評価
□どこがいけなかったと思うか。
□どのように展開をしていくのか。
□板書について(色の使い方について)。

▼栄養教諭

※授業の前に，本時の狙いと1時間の流れを面接官に説明する。

【課題】

□バイキング給食

【質問内容】

□この授業のできはどうだったか。

□今日までに何か対策してきたか。

□主体的，対話的で深い学びの実現に向けて，この授業ではどのような取り組みを入れたか。

▼栄養教諭

【課題】

□おやつについて(小2)

※面接官を児童だと思って行うようにとの指示が出た。

・授業管理力を見せようと思っておこなった。

◆個人面接(2次試験)　受験者1人に対し面接官3人程度　25分(養護教諭区分は，約32分)

※場面指導(学校現場において想定される生徒指導や保護者対応等)にかかわる試問を含めて実施する。

【質問内容】

□願書の記載内容について

□志望動機について

□理想の教員像について

□これまで努力してきたこと

□教育法規等

※なお，この例のすべてが全員に必ず試問されるとは限らない。

〈評定項目〉

※下記の選定項目に基づいて5段階評定で実施する。

	評定項目	主な内容
(1)	態度・表現力	表情や話し方に関する評価
(2)	意欲・積極性	仕事に対する意欲や情熱に関する評価
(3)	判 断 力	状況に応じた判断力に関する評価
(4)	専 門 性	教科科目の専門的指導力に関する評価
(5)	将 来 性	教員としての資質や人間性に関する評価

▼小学校全科

※入室し，模擬授業後，そのまま面接。

・面接官は優しかったが，落ちるときはしっかり落とされる。逆に，
　友人の面接官は冷たい印象だったそうだ。

▼小学校全科

【質問内容】

□他も受験しているか。

□道徳の評価はどのようにつけるか。ポイントは何か。

□外国語活動と外国語の違いは何だと考えるか。

□高校の部活動(リーダーになった時)について。

□兵庫県が採用した時のメリット(アピール)を述べよ。

□人間力について述べよ。

□体罰について何の法律にどのような記載があるか。

□言い残したことはないか。

【場面指導課題】

□バスで遠足に行くとき，朝の集合時間に児童が一人来ていない。ど
　う対応するか。

□児童が上靴がないと言ってきた。

※質問に答えていく形式。

▼小学校全科

【質問内容】

(願書から)

□どうして小学校を受験したか。

□音楽の中・高免許もあるが，専科と担任どちらがよいか。

□部活をいろいろしているが，どうしてか。キャプテンは立候補したのか。

□実習で大変な子どもはいたか。

□厳しさと愛情とは。

□どんな学級にしたいか。

□授業を作るとき参考にしているもの，気を付けていることを述べよ。

□あなた自身が持っている教師の資質を好きなだけ自己PRせよ。

□困った時すぐ人に相談できるタイプか。

・終始和やかで，面接官の方も笑顔で話しやすかった。

【場面指導課題】

□授業中に，ある児童数人がケンカをし始めた。あなたはどうするか。

・場面指導のポイントは，事実確認・連絡，相談，連携・アフターケアが大切だと学んだ。

▼小学校全科

・エントリーシートから出される質問が多かった。

・自分のことを話せるので，アピールしやすく，話しやすかった。

・リラックスして，面接官の目を見て話すことや，保護者の事もそうだが，まずは「子ども第一」ということを心にとめて，軸を作っておくことが大切だと思う。

【場面指導課題】

□保護者対応

□いじめの対応

▼小学校全科

【質問内容】

(願書から主にボランティアについて)

□自然学校で全体に子どもにさせたいプログラムを1つ挙げよ。

□LDとADHDの子どもに対する配慮を述べよ。

□周りからどんな人だといわれるか。

□教育実習で大変だったことを述べよ。

□あなたを動物にたとえると何だと思うか(自分が思うものと，周りからどう思われているか)。

□志望理由(自治体の志望動機ではなく，教師を目指す理由)を述べよ。

□学校生活で楽しかったこと，悲しかったことを述べよ。

□自分の知らない地域で働くことになったとき，どうやって地域や子どもと馴染んでいくか。

・面接官3人中，2人はにこやかだったが，1人はずっと無表情だった。

【場面指導課題】

□宿題が少ないと保護者から言われたとき，どうするか。

・口頭で答える形式だった。

・「宿題はクラスの子ども全体の様子を見て，適切だと考えた量を出しているということを保護者に伝えた上で，保護者と話し合うようにする」といった回答をした。

▼小学校全科

【質問内容】

□これまでの履歴についての説明をせよ(転職のため)。

□ボランティアはどういう経緯で始めたか。

□これまで関わった児童・子どもで大変だった児童はいるか。

□小学校教員を志望した理由は何か。

□なぜ兵庫県を受験したか。

□大阪市で講師をしている理由は何か。

□大阪市の先生は，楽しそうに仕事をしているか。

□いじめにはどのように対応するか。

□泳げるか(25m以上)。

□あなたの教師としての魅力は何か。

・大学の友人や先生とたくさん練習した。

【場面指導課題】

□子どもが授業中にケンカをし始めたらどうするか。

・まず注意すること。授業後に2人を呼び理由を聞き，指導すること，クラスに話す必要があることであれば話すこと，管理職(上司)に報告すること，保護者にそういうことがあったと報告することなど，できるだけたくさん想定したことを話した。

・大学の先生や友人と練習した。

▼小学校全科

【質問内容】

(願書から)

□ボランティアの内容

□自書の中身　など

【場面指導課題】

□子どもを塾に行かせようと思うのだが，どう思うかと保護者から相談されたらどうするか。

□自分の子どもが障害を持っているかもしれないと保護者から相談されたらどうするか。

□障害の可能性のある子がクラスに馴染めていなかったらどうするか。

▼小学校全科

【質問内容】

□教育法規の内容

□高校の部活動で学んだこと，大変だったことは何か。

□教育実習関連(保護者との関わり)について。

□今までで一番しんどかったこと，苦労したことは何か。

　　→それを教師になった際，子どもたちに経験させたいか。

□人権の法律について知っているか。

【場面指導課題】

□宿題が少ないと言ってきた保護者にどう対応するか。

□授業中，教室から急に出て行った児童が1人いた時，どう対応していくか。

▼中学理科

【質問内容】

□模擬授業の感想を述べよ。

□話し合いをさせるのはどういう意図か。

　→話し合いが進まなかった場合はどうするか。

□志望動機を述べよ。

□なぜ中学か。

□大学にも受けている人がいるか。

□サークル活動はどのぐらいやっていたか。

□部活動の主将で学んだことは何か。

□体罰に関する法律はどこの何条に何と書かれているか。

□採用されたら部活の顧問をしたいか。

　→希望する部活がなかったらどうするか。

□人からどのような性格だと言われるか。

　→それをどどのように生かしたいか

□最後に自己PRを1分で述べよ。

【場面指導課題】

□コンビニから，生徒が万引きをした疑いがあると電話がきた。しかもそれが自分の担当クラスの生徒だったときどうするか。

□実際に生徒がやったのかどうかわからないのに，コンビニ店員が高圧的にこの生徒がやったと言ってきたときどうするか。

▼中学家庭

【質問内容】

<願書から>

□これまでの部活について。

187

□教師になりたいと思ったきっかけは何か。

□どんな人だとあなたは周りから言われるか。

<生徒指導について>

□不登校の生徒にどう対応していくか。

□なかなか発表できない生徒にどう働きかけるか。

□家庭環境が複雑な生徒をどうするか。

<家庭科について，その他>

□実験の経験について。

□新学習指導要領で新しく加わったこと，変わった領域を述べよ。

□家庭科で1番生徒に身につけさせたい力は何か。

□あなた自身合格してから，どんなことをしていきたいか。

▼中学家庭

【質問内容】

<願書から>

□部活について。

□資格に関して。

□得意なことは何か。

□教師になりたいと思った理由を述べよ。

□いじめについて。

□理想の教師像について。

【場面指導課題】

□コンビニで万引きをした生徒がいたときの担任としての対応を述べ
よ。

・リラックスをして笑顔で受け答えをする。

・話し方は丁寧に。

▼養護教諭

【質問内容】

<エントリーシートからの質問>

□大学時代のボランティア活動について。

□頭部打撲にどう対応するか。

□教員のストレス疾患の原因とあなたのストレス解消法は。

□どのような保健室にしていきたいか。

・全ての質問に対して，追質問が行われる。具体的に端的に答えるようにしておくとよいと思った。

▼高校地歴

【質問内容】

□志願理由を述べよ，

□短所は何だと思うか。

□学力を高めるためにしていることはあるか。

【場面指導課題】

□生徒が万引きをしたときの対応について。

・全体的に圧迫面接だった。

▼高校保体

【質問内容】

□一度民間企業に勤めていたが，教員を目指した理由は。

□民間企業で得られたことは何か。また，教育現場においてどのように発揮しているか。

□高校時代，主将として困ったことはあるか。また，大学や職場においてどのようにそれを生かせているか。

□勤務時間の適正化やノー部活デーを設けることに関して，どのように考えているか。

→具体的な考えを，今，持っているか(上の質問に野球を関連付けて答えたため)。

□教員の不祥事が後を絶たないが，どのようにすればなくなるか。

□授業中に発問に答えない生徒に対して，どのように対応するか。

□反抗的な態度をとった生徒に関しては，どのように対応するか。

□実際にそのような経験はあるか。

　　→どのように対応したか。

□大学での研究について(具体的に):「理想の指導者について」。

□(選手目線の研究であったため)指導者の目線からみると，どのように考えられるか。

□時代の流れに応じて指導者は変わらないといけないといったが，あなたが指導者になった場合，どのような優先順位で指導するか，3つ答えよ。

□ボランティアについて，教員になってから行ったことはあるか。

　　→それは生徒主体で行ったのか。

　　→主体的に行うようになったとき，どう感じたか。

□意欲が低下しない環境づくりや意識づけと願書に書いてあるが，これまで行ったことでもよいので具体的な過程，結果等のエピソードはあるか。

・苦手な生徒に対して寄り添いながら授業した結果，休み時間に自主練習をしてもよいかと声をかけてきたことが印象に残っていると答えた。

　　→そのとき，生徒のみで行わせたのか。

・その時は，監督者がいなかったため，放課後なら私が付き添えることを伝えた。

□願書に「影響力のある教員になりたい」とあるが，具体的にどのようなものか。

□最後に，「覚悟と責任」と書いてあるが，あなたの覚悟を述べよ。

【場面指導課題】

□教室から生徒が抜け出した。どう対応するか。

□出て行った生徒，それ以外の生徒にどのように声をかけるか。

　　→その後，保護者からクレームがきたらどのように対応するか。

▼栄養教諭

【質問内容】

□今日までに何か対策してきたことはあるか。

□栄養教諭の志望動機について。

□子ども食堂の活動は具体的に何をしたか。

□長所を述べよ。

□給食を生きた教材にするにはどうするか。

□調理員との人間関係について。

□好き嫌いの対応について。

□アレルギーの他の子どもへの理解に関する対応について。

□アレルギーをもつ子どもの母親が献立表を作ってもってきたときどのように対応するか。

□ボランティアとは何か。

□ボランティアを始めたきっかけは何か。

□教師にとって必要な資質は何か。

□教職員，地域，家庭との連携には具体的にどのようなことが考えられるか。

□自署の部分。

【場面指導課題】

□調理師と意見が合わなかったらどうするか。

□嫌いなものがある子への対応について。

　　→それでも食べなかったらどうするか。

　　→それでもダメで5時間目になってしまったら？

□センター栄養教諭としての対応について。

▼栄養教諭

【質問内容】

□模擬授業ではどんなことに気を付けたか。

□小・中どちらでもよいか。

□給食指導で困ったことはあるか。

□今の市と前任校の市の違いについて。

□部活について。

□特技はあるか。

・ほとんど履歴書から聞かれた。

【場面指導課題】

□体罰を発見した場合どうするか。

□生徒から体罰を部活で受けている，周りに言わないでほしいと言われたらどうするか。

□管理職と意見が違うときどうするか。

◆実技試験(2次試験)

▼小学校全科・特別支援

【課題1】

□歌唱「こいのぼり」(文部省唱歌)

※無伴奏，任意の調。

こいのぼり　文部省唱歌

こいのぼり

文部省唱歌

い　ー　ら　ー　か　の　な　ー　み　ー　と　　く　ー　も　ー　の　な　　み

か　ー　さ　ー　な　る　な　ー　み　ー　の　　な　ー　か　ぞ　ら　を

たちばなかーおーる　あさーかぜに

たかく　おーよーぐや　こいーの　ぼり

□器楽「とんび」(文部省唱歌)

とんび　　　　　　　　　梁田　貞作曲

♩=88〜96

※キーボード，鍵盤ハーモニカ，またはソプラノリコーダーのいずれ
　かを選択して演奏。

※歌唱・器楽ともに楽譜を見ながらの演奏も可(会場の楽譜を使用する
　こと)。

※器楽にて，キーボード以外の楽器(鍵盤ハーモニカ，ソプラノリコー
　ダー)を使用する場合は，各自で持参すること。

【課題2】

□ボール運動(バスケットボール)

バスケットボール(5号球)

①パス，ピボット

②ドリブルからジャンプシュート(レイアップシュート)

③リング下左右からのジャンプシュート

④ジグザグドリブル

※上記①～④を連続して行う。

□器械運動(マット運動)

①側方倒立回転

②前転からジャンプ1／2ひねり

③伸膝後転

※上記①～③を連続して行う。

※運動のできる服装，体育館シューズ(上ばきとは別のもの)を持参す
　ること。

▼小学校全科

※課題は事前に出されている(体育のバスケは選択が追加されること
　も)。

・12人ほどのグループで行動した。

・音楽はさらに細かく分けられ(5～6人)，部屋に入った。

・待ち時間がとても長かった。

・グループのいちばん番号が若い人からやるので，緊張するし，基準
　になるので不利なように思えた。

▼小学校全科
【課題1】
□歌唱「こいのぼり」
□器楽「とんび」
※事前に5分練習できる。
※6人1組で行う。
※楽譜を見てもよい。
※歌はアカペラ。
※楽器はキーボードが置いてある。
【課題2】
□ボール運動(バスケットボール)
①パス，ピボット
②ドリブルからジャンプシュート(レイアップシュート)
③リング下左右からのジャンプシュート
④ジグザグドリブル
⑤遠投
□器械運動(マット)
①側方倒立回転
②前転からジャンプ1／2ひねり
③伸膝後転
・1回練習できる。

▼小学校全科
【課題1】
□歌唱「こいのぼり」
□器楽「とんび」
【課題2】
□マット運動
①側方倒立回転
②前転

③1／2回転ジャンプ

④伸膝後転

□バスケットボール

①チェストパス

②ピボットターン

③レイアップシュート

④ゴールしたシュート

⑤ジグザグドリブル

⑥ジャンプストップ

⑦ロングパス

▼小学校全科

【課題1】

□歌唱「こいのぼり」

※無伴奏，任意の調であった。

□器楽「とんび」

※キーボードで。スピードは自由。

※5人1組で教室に入り，1人ずつ実践。

※試験官は2人(女性)だった。

・歌唱5人→器楽5人。

・リラックスすることがカギだと思う。

・体育実技に比べて練習時間が少ない。

【課題2】

□マット運動

※2回練習できる。

□バスケットボール

※1回練習できる。

※ホームページに載っていなかった項目が追加されていた。

・試験官は各2人ずついた。

・体育館の中でマット組とバスケット組に分かれる。

・上手くない人が多い印象だったので，運動神経や練習成果をアピールできる。

▼小学校全科
【課題1】
□歌唱「こいのぼり」
※アカペラで歌う。
□器楽「とんび」
・キーボード(片手で弾く)，リコーダーなどを使用する。
【課題2】
□マット運動
※側方倒立回転，前転，ジャンプ1／2ひねり，伸膝後転を連続して行う。
□バスケットボール
※チェストパス，ピボット，ドリブルからのレイアップシュート，リング下左右からのジャンプシュート，ジグザグドリブル，パスを連続して行う。

▼小学校全科
【課題1】
□歌唱「こいのぼり」
□器楽「とんび」
※面接官2人。受験生は5人で1グループだった。
※1人ずつ歌を歌い，次にリコーダーの試験だった。
※練習時間は5分あった。
・リズムや音程，息の使い方など，譜面通りにすること，基本に忠実にすることが大事だと思う。
【課題2】
□マット運動
※伸膝後転，前転，1／2ひねりジャンプ，側転。

□バスケットボール

※ドリブル，パス，ピボット，ゴール下左右シュート，ジャンプシュート，ロングパス。

※面接官は各2人で，2グループに分かれて行う。

▼小学校全科

【課題1】

※歌唱はアカペラだった。

※器楽は片手だけで主旋律のみを演奏した。

【課題2】

□バスケットボール(5号球)

※①パス，ピボット(3回程度)→②ドリブルからレイアップシュート→③リング下左右からジャンプシュート→④ジグザグドリブル→⑤遠投。

※遠投は当日追加された。

・シュートが入っていなくても合格している人もいた。

・③→④はドリブルしてもしなくてもOKだった。

□マット運動

※①側方倒立回転→②前転からジャンプ1／2ひねり→③伸膝後転。

・バスケットボールは面接官が見本を見せてくれる。

・マットは説明のみだった。

▼中学／特支／高校音楽

□新曲視奏(アルトリコーダー)

※アルトリコーダーについては，各自用意すること。

□弾き語り

※武島羽衣作詞　滝廉太郎作曲「花」を弾き語りする。

花

武島 羽衣 作詞
滝 廉太郎 作曲

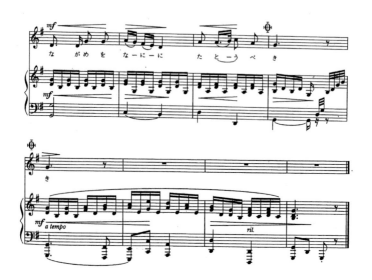

□和楽器演奏

任意の楽器で任意の曲を演奏する。

※選考試験係で用意する楽器：箏，和太鼓。

※その他の和楽器は，各自で用意すること。

□専門実技

A　ピアノ専攻

次の2曲のうち1曲を選び，第1楽章を演奏する。

(1)モーツァルト作曲　ピアノソナタ　KV 280(189e)　第1楽章

(2)ベートーヴェン作曲　ピアノソナタ　Op.10-1　第1楽章

※繰り返しなしで演奏する。

B　声楽専攻

次の3曲のうち1曲を選び，指定された調で歌う。

(1)日本歌曲　「平城山」　北見志保子作詞　平井康三郎作曲

ト短調またはイ短調

(2)イタリア歌曲　「Ma rendi pur contento」　ベッリーニ作曲

変ト長調または変イ長調

(3)ドイツ歌曲　「Ich liebe dich」　ベートーヴェン作曲

ヘ長調またはト長調

C　弦打楽器専攻

任意の曲を(自作曲は含まない)を選び，無伴奏で演奏する。

※事前調査票の提出時に，楽譜を1部提出すること。

D　邦楽専攻

任意の曲を(自作曲は含まない)を選び，無伴奏で演奏する。

※事前調査票の提出時に，楽譜を1部提出すること。

E　作曲，楽理，音楽学専攻等

A〜Dのいずれかの専攻を選んで演奏する。

▼中学／特支／高校家庭

【課題】

□被服，食物に関する基礎的・基本的な技術

※裁縫用具，実習用白衣，三角巾を持参すること。

▼中学家庭

【課題】

□被服：子ども用甚平

※試験に必要なものは机の上に置いてある。

※スタートの合図で紙をめくり，作るものと手順を知り，その通りに
　作っていく。

①えりつけ

②わきぬい

③うしろ身ごろのすそを10cmまつり縫い，10cm千鳥縫い

・できないところにこだわらず，とにかくできることを時間内でつく

る。内容はかなり厳しいため，高校の教科書をしっかり練習しておく。

□調理：しいたけのすまし汁，ナスとししとうの炒め煮

※材料は袋に入っており，つくる物はスタートの合図で机の上の紙を見て知る。

※材料の切り方は細かく指定される。

※約30分で完成させ，片付けまで行う。

※使用材料(必ず使う)，料理名，自由材料(調味料でその中から選んでする)が書いてある。

・かなり時間も厳しく，難しい内容だった。

・高校の教科書の内容まで練習しておくほうがよいと思う。

▼中学家庭

【課題】

□調理：ナスとししとう煮／すまし汁

□被服：甚平のえりつけ／わき／すそ

・先のことを考えて要領よく作業する。

・教科書に書かれているメニューや縫製はできるようにしておく。

▼中学／特支／高校理科

【課題】

□実験・観察

※実験用白衣を持参すること。

▼中学理科

【課題】

□実験

①石灰石に塩酸を加え，二酸化炭素を発生させ，水上置換で試験管に捕集する。

・石灰水を加え，色の変化を確認する。

②二酸化マンガンに過酸化水素水を加えて酸素を発生させ，水上置換
　で捕集する。

・二酸化マンガンの量が二種類与えられ，多い場合と少ない場合それ
　ぞれの長所と短所を記述する。

※1人ずつ板で仕切られていた。

・多いと反応が終わるのが早く，集められなかった。

・時間に余裕があったので2回実験した。

▼中学／特支／高校保体

【課題】

□器械運動

□陸上競技

□水泳

□球技(バスケットボールまたはバレーボール)

□武道(柔道または剣道)またはダンス

※運動のできる服装，体育館用シューズ，屋外用シューズ，水着，水
　泳帽(ゴーグルの使用可)，柔道着または剣道用具またはダンスので
　きる服装を持参すること。

▼高校保体

【課題】

□球技(バレーを選択)

※オーバーハンドパス，アンダーハンドパスを左右に振られながら各
　5本ずつ行う。

※練習時間3分。

※スパイク3本(レフト，センター，ライトどの位置からでもよい)。

※スパイク3本練習。

□陸上(ハードル走55m)

※基本は試技1回だが，希望により2回目も可能であった。

※個人練習10分間。

・スタートから1台目までは13m，インターバル8m，高さ84cm，全部で5台(インターバル，高さは説明されず，自分の感覚)。

□武道(柔道を選択)

※グループで2列横隊を作り，前後でペアを組み練習し，交代しながら技を掛ける。

※立位の状態から後ろ受け身5回，横受け身左右各2回，前回り受け身左右各2回。

※立ち技2本(手技・腰技・足技から2つ選び実施)→2回打ち込み後，3回目に投げる(背負い投げ，背負い落としを実施)。

※抑え技(袈裟固めを実施)→約5秒間の実施。

□器械運動(マット運動)

※伸膝前転→倒立前転1／2ひねり→伸膝後転→後転倒立→前方倒立回転跳び。

・2回練習できる(1回でも可)。

□水泳(バタフライ→背泳ぎ50m，平泳ぎ→クロール50m)

※アップは25mのみ。

※スタートは飛び込みでも水中でもよい。平泳ぎは水中スタート。

・休憩時間は5分程度。

・受付終了後，控え室に移動し待機。その後，説明を受け更衣の指示が出される。

・体育館に移動後，諸注意があり選択種目を用紙に記入後，全体で体操を行った。

・4グループあり，球技→陸上→武道→器械運動→水泳の順で行った。

・全てのグループ，水泳が最後だった。

▼中学／特支／高校英語

【課題】

□英語によるコミュニケーション能力テスト

※辞書(電子も可)を持参すること(ただし携帯電話，タブレット端末の辞書機能は不可)。

▼中学／特支／高校美術

【課題】

□鉛筆デッサン

□基礎デザイン(色彩構成)

※鉛筆デッサン用具一式，平面デザイン用具一式(ポスターカラー等)，
　30cmの直定規，画板(カルトン)を持参すること。

▼中学／特支技術

【課題】

□ものづくりに関する基礎的技術

□パソコンに関する基礎的技術

※実習服及び運動靴を持参すること。

※使用するソフトウェアは，Microsoft社のMicrosoft Word 2013,
　Microsoft Excel 2013(VBAを含む)，Microsoft PowerPoint 2013である。
　OSは，Windows 8.1Proである。

▼高校工業

【課題】

□機械：機械に関する基礎的技術

□電気・電子：電気・電子に関する基礎的技術

□建築：建築に関する基礎的技術

※機械：実習服・実習帽・安全靴，電気・電子：実習服・実習帽，建
　築：実習服を持参すること。

▼高校書道

【課題】

□毛筆・硬筆

※書道道具一式(2B鉛筆含む)，30cmの直定規を持参すること。

▼高校商業

【課題】

□コンピュータの活用技術

※使用するソフトウェアは，Microsoft社のOffice 2019，OSは，Windows 10 Proである。

▼高校情報

【課題】

□コンピュータの活用技術

※使用するソフトウェアは，Microsoft社のOffice 2019，OSは，Windows 10 Proである。

▼養護教諭

【課題】

□養護教諭の職務に関する基礎的技術

※動きやすい服装を持参すること。

▼養護教諭

【課題】

□一次救命処置(心肺蘇生，人工呼吸，AED)，回復した後の対応

□視力検査(8分)

□アキレス腱の断裂が疑われる中2女児に対する問診，処置(3分)

2019年度　面接実施問題

◆集団面接(1次試験)　面接官2人　受験者8人　20分
※次の評定項目に基づいて5段階評定で実施する。

(1)　健康度(困難を克服する精神力や健康性に関する評価)

(2)　積極性(仕事に対する意欲や情熱に関する評価)

(3)　共感性(児童生徒に対する共感性に関する評価)

(4)　社会性(周囲とのコミュニケーション能力に関する評価)

(5)　堅実性(ものの見方や考え方に関する評価)

▼小学校全科

【テーマ】

□教員として大切な資質

□児童生徒との関わり方

□児童生徒がわかる授業

・事前(2週間前くらい)にテーマが3つに絞られるので内容を考える期間は十分ある。

・落ち着いてはっきりと，簡潔に伝える練習が必要。

▼小学校全科

【テーマ】

□あなたの長所で教師に向いているところは。

□保護者と子どもに信頼されるためには。

□最近の子どもの良いところは。

□友人関係で気をつけていること。

□教師になったらどんな授業を実践したいか。

□子どもたちに伝えたいこと。

・受験番号によっては，4時間も体育館で待たされる。モチベーショ

ンの維持，再注入することが必要。
・5人1組で横1列に並び，正面に試験官が3人いた。
・質問は，各試験官から出される。
・自分のグループは，全員小学校英語特別選考だったが，英語の面接
　等はなかった。
・面接経験不足の人が結構いた。惑わされずにリードすること。
・受付時間より早く行っても中に入れる。早めに受験校へ行く。
・筆記試験後に体育館へ移動。体育館はエアコンがないため暑さ対策
　が必要(タオルや飲み物)。

▼小学校全科
【テーマ】
□教員として大切な資質
□児童生徒との関わり方
□児童生徒のわかる授業
※試験官は2人，椅子に座って採点していた。

※会場には，エアコンがあった。
※私だけスーツだったが，他はクールビズだった。ジャケットがなく
　ても，試験の結果に影響はないというアナウンスがあった。
・兵庫県は，教育大がたくさんあり，集団討論のレベルが高い。また，
　講師も多くいる。周りがよいことを言っても焦らずに自分の意見を
　言うことが大切。

208

・過去問を解いて分析をしていれば難しくないと思う。記述式なので漢字のミスに注意。兵庫県は教育大が多く，学習支援ボランティアなどを経験している。経験談を語ってくるが，焦らず，落ち着いて話すように。

▼小学校全科

【テーマ】

□教員にとって必要な資質

※事前にホームページで3つのテーマが発表され，私のグループは「教員にとって必要な資質」についてだった。メモ用紙が渡され，内容をメモしても可。

・討論の時間は17分程度なので，話す内容やポイントをしぼって，確実に2〜3回は発表することが大切。

▼小学校全科

【テーマ】

□「分かりやすい授業」について。

※司会の有無は自由。

※メモは机上に用意されてあるが，題について考える時間はなし。

▼小学校全科

【テーマ】

□分かりやすい授業について。

・講師の方が暴走し，一度とめられた。

・みんなで解決しようとする姿勢をみせれば○

▼小学校全科

【テーマ】

□教員に必要な資質について。

・話す時は周りを見ながら，聞く時はうなずきながら行うと，印象が

良いと思う。

▼小学校全科

【テーマ】

□「児童との関わり方」について。

・テーマは事前に発表されるので，ある程度の内容を考えていくことができる。

▼中学国語

【テーマ】

□教員の大切な資質について

・自分の意見は，簡潔に述べること。

・他の人の意見をしっかり聞き，その話に関連することも言うこと。

▼中学数学

【テーマ】

□「教員として大切な資質」について

・司会は特に決められないが，積極的に司会をつとめた方がよい。

・終了3分前には合図をしてもらえるため，その後まとめに入るとよい。

▼中学保体

【テーマ】

□「児童生徒が分かる授業」について

・面接官は基本的に何も話さなかった。2人司会進行の上手な方がいて，「～について話そうと思いますが，どうでしょうか？」と進めてくれた。どんな話の内容でも基本的には否定はせずに進行の方の進め方は肯定するのがよいと思う。また現職で講師・教諭をしていても，発問する時に「講師の経験を通して…」という答え方は控えた方がよい。面接官からすれば「講師をしていてそんな受け答えし

かできないんや」と思われるらしい。
・専門教養の保健分野は今まで高校の教科書メインで出題されていたが，今年は中学校の教科書からも出題された。

▼高校地理歴史・公民
【テーマ】
□教員として大切な資質，児童生徒との関わり方，児童生徒がわかる授業
・集団面接とされているが，形は集団討論。
・講師経験のあるものは，経験をダラダラと話しがちだが，簡潔に話す方がよいと考える。

▼高校家庭
【テーマ】
□教員として大切な資質，児童生徒との関わり方，児童生徒がわかる授業の3つのテーマが事前にホームページに掲載され，その中から選ばれた1つのテーマについて討論する(私のグループは児童生徒がわかる授業だった)。
※最初に2分間説明があるので討論するのは実質18分。自分の意見を言うときは挙手をし，一回1分以内でまとめるようにという指示があった。
・私は2回しか意見を言うことができなかったが，一次を突破できた。相手の意見を尊重しながら，自分の意見を言えるとよい。相手の意見を否定したり，自己中心的に進めてしまうのはあまりよくない。練習をする際は1分で自分の意見をまとめることも頭に入れておいたほうがよい。

◆模擬授業(2次試験)　面接官3人程度　15分
　※受験区分に応じて，約15分程度の模擬授業を実施する。模擬授業で

は，必ず板書を使用することとする(ただし，養護教諭区分受験者には，模擬授業にかえて，約8分の模擬保健指導を実施し，板書を使用しなくてもよい)。

※下記の選定項目に基づいて5段階評定で実施する。

(1)　教材内容に関する知識・理解(教科等の専門知識に関する評価)

(2)　構成力(授業の構成に関する評価)

(3)　声・表情・所作(教員としての所作等に関する評価)

▼小学校全科

※模擬授業は個人面接の時に同時に行われる。

※面接室に入る前に教科書見開きのプリントを渡される(5分前くらい)。その後，入室し，すぐに模擬授業→個人面接の流れだった。

※模擬授業を始める前には「授業のねらい」と「1時間分の構想」を1分程度で述べる。授業は10分程度。児童役をしてくれる人もしてくれない人もいる。授業後は模擬授業について質問される。

※今年度から模擬授業の範囲が出されるようになったので対策できる。

▼小学校全科

【課題】

□6年生算数　分数×分数

　→苦手な子に対してどんな工夫をしたか

※入室前に教科書のコピーを渡される。

※13分模擬授業。

※2分模擬授業に関わる質問。

・人によっては待ち時間が長い人もいたので時間をつぶせるものを用意すべき。

▼小学校全科

【課題】

□6年生算数　百分率(啓林館)
・だいたいの範囲が出題されるので，一通りはやっておくと知っているものが出る。

▼小学校全科
【課題】
□算数「百分率」
・5分ほど構想時間がある。授業をはじめる前に，1分間で本時のめあてと，大体の流れを説明した。
・板書は省略せずに，ゆっくり，ていねいにした。

▼小学校全科
【課題】
□教科書：5年生　詩「手紙」
　→めあてと1時間の構想
　→模擬授業は何点か
　→その理由は
　→工夫したところは
　→「強く」と言ってわからない児童にはどう指導するか
　→めあての要素が2個ある理由は

▼小学校全科
□6年生算数「分数×分数」
※啓林館の教科書のコピーを渡される。5分間で構想。出入りも含めて15分

▼中学国語
【課題】
□短歌の紹介について。
※生徒役なし。面接官が少しだけ入ってくる。

213

※板書は必須。

・教科書を見ながら，指定された部分(短歌，俳句，古文，文法だった)の授業を一通り考えておくべき。

▼中学数学
【課題】
□「比例」の導入について
※構想に5分，ねらいと全体的な展開の説明1分，授業12分。
※面接官が生徒役をしてくれる。
※模擬授業後すぐに個人面接にうつる。

▼中学数学
【課題】
□三角形の合同条件
※教科書のコピー1枚が配られ，その内容を導入から授業していく。
※面接官3人を生徒として発問する。
・2人は基本無口後，分かりません。1人はややかする答えを言ってくる。
・落ち着いて余裕のある姿勢でしないと飲み込まれる。
・模擬授業は比較的反応薄めで怖い。個人面接になった途端，人が変わったのように優しくなった。

▼中学理科
【課題】
□質量保存の法則
※教科書のコピー見開きを渡され，めあてと展開を説明してから授業。
※黒板は使ってよい。机間指導は省略しない。
※面接官は当てると答えてくれた(少なくとも私のところの方は)。その答えへの対応も必要。
・面接官3人に見られながらの授業はあせるし緊張するので，たくさ

ん練習しておくべき。

▼中学英語

【課題】

□最上級・中2

※課題は事前に渡されるが，指示があるまで見られない。

※5分程度確認できる時間がある。

※最初に本日のめあてと1コマの流れを1分間で説明する。

※12分間で授業をする。

※板書する

※導入で終わらず，展開に入るよう指示があった。

▼高校国語

【課題】

□始めに「本時のめあて」「全体の流れ」を1～2分で話す

□「詩」「俳句」「古文」「漢文」のうちのいずれかで授業する

(私の場合は「俳句」の教材で授業をした。)。

※授業をするのは12～3分程度になる。

※教材は面接直前に渡される。

※授業内容を考える時間は約10分(前の受験者の面接が終わるまで)

※黒板を必ず使わなければならない。

※「導入」だけでなく「展開」に入らなければならない。

・面接官に当ててもしっかりと答えてくれる

・模擬授業の教材は主に「国語総合」の範囲から出題される傾向にある。さらに，見開き1Pでおさまる教材がほとんどである。

▼高校地理歴史・公民

【課題】

□模擬授業は科目を選択できるため，日本史を選択した。

日本史は以下の4テーマが発表↓

「平安時代の始まり」「執権政治」「ヨーロッパ世界との接触」「第二次世界大戦」

4テーマの中から，どれか1つ当日発表される。

※今年から，7月末に，模擬授業のテーマが事前に発表されるようになった。

※面接開始の5分前に該当テーマの教科書のコピーに目を通すことが許され，模擬授業中も見ながら授業をしても良い。

※面接官を生徒と見立てて授業を行うが，面接官が模擬授業中に生徒風な質問などをしてくることはない。

・とにかく前日まで，授業を練って自信をもって授業に挑めるようになっておきたい。また，授業後には授業に関する質問が何点かされるので，どういう意図で授業を進めているかなどを明確にしておきたい。

▼高校理科(生物)

【課題】

□ハーシーとチェイス

※授業の構想を1分で発表

※授業は12分

・面接官を生徒とみたてる指示があった。

▼養護教諭

【課題】

□耳鼻科検診の事前指導(小6対象)

※事前に注意事項(表)，テーマ(裏)が書かれている紙が配られ，一斉の合図で裏に記載しているテーマを見ることができる(メモも可)。

□保健指導の目的と流れを説明する。

□自己評価をする。

▼高校保体

【課題】

□生活習慣病とその予防

□模擬授業終了後に，その授業を振り返り簡潔に自己評価する。

□普段の保健の授業を行う上で，最も大切だと思うことは。

◆個人面接(2次試験)　面接官3人程度　25分(養護教諭区分は，32分)

　※場面指導(現場において想定される生徒指導や保護者対応等)にかか

　　わる試問を含めて実施する。

【質問内容】

□願書の記載内容について

□志望動機について

□理想の教員像について

□これまで努力してきたこと

□教育法規等

※なお，この例のすべてが全員に必ず試問されるとは限らない。

▼小学校全科

【質問内容】

□なぜ理科の中高免を取得したか。

□大学の部活はなにか。

□併願先はあるか。

□県内広いけどどこでもいけるか。

□兵庫が求める教員像は？

□中高免取ったのになぜ小学校志望か。

□カリキュラム・マネジメントの取り組み方

□部活動で学んだことは？

□生徒会で学んだことは？

□実習で学んだことは？

・基本的には願書の内容が多かったように感じた。

・個人面接の中に場面指導が入る。

【場面指導課題】

□授業中1人の児童がトイレに行きたいと言うのでトイレに行かせた。すると他の児童も複数人トイレに行きたいと言いだした。どう対応するか。

・友人は「隣のクラスの児童がケンカしている。どう対応する？」だったらしい。

▼小学校全科

【質問内容】

□願書に書かれてある内容を中心に質問

　→特に，ボランティア活動や部活動のことについて掘り下げられるとともに，自分自身の生活について等の質問も多くあった。

・かなり，答えづらい質問項目もあったが，気に入られようと，「良い答えを」と考えすぎず，自分の思いを自分の言葉で正直に述べると必ず面接官に伝わる。今までやってきたことに自信をもって堂々と試験にのぞんでいただきたい。

▼小学校全科

【質問内容】

□志望動機

□高校時代の部活動について。

□実習で印象に残っていること。

□いじめがあったらどう対応するか。

□どんな学級運営をしたいか。

□アクシデントが起きた時何がいちばん大切だと思うか。

【場面指導課題】

□教室の中で嘔吐した子がいたらどうするか。

▼小学校全科

【場面指導課題】

□授業中にトイレに行きたいと，たくさんの子どもが言いだした。どうするか。

※ロールプレイでも説明でも可。

▼小学校全科

【質問内容】

□英免をとっているのにどうして小学校なのか。

□部活を教えたくないのか

□小3からの英語の指導についてどう思うか。

→なぜ早いと思うのか。

□大学での活動が現場でどう役に立つと思うか。

・英免を持っていたので，かなり面接でつっこまれた。

・1人目の面接官は圧迫，追質問。2人目が質問，3人目は大学での活動(ボランティア)がメインだった。

・1人目の面接官は，「圧迫してごめんね」と終了後に言ってきて，「あ，うかってるな」と思った。

【場面指導課題】

□となりのクラスの子が廊下でケンカしていたら。

□4月から1日も学校に来ていない子がクラスにいたら。

□あなたにしかできない英語の授業ってあると思うか。

・目の前に子どもがいると思って「こんな授業ができるよ」というのをPRしてみるとよい。

▼小学校全科

【質問内容】

□授業に関する質問(点数で表すと…，気をつけた所など)

□大学でのこと(一番力を入れたこと，感動したこと，実習など)

□教員としてのこと(必要な資質→それを身につけるためにどんなこと

をしているか)
・笑顔，元気のよさ，自分らしさをもって，自信をもって伝えることで，相手にもより伝わると実感した。
・面接は，質より量のイメージだった。授業から個人面接の流れなので，だんだん緊張はやわらいでくると思う。

【場面指導課題】
□4月に新任教員としての職員室での自己紹介。
□別のクラスの子どもが廊下でけんかしていた。どう対応するか。

▼小学校全科
【質問内容】
□共生臨床コースとは具体的にどのようなことを学ぶのか。
□少年院へ実際に活動にいかれているのか。
　→その経験で印象にのこっていることは。
□心をすぐに開いてくれるのか。
□教員を目指したきっかけや動機。
□ブラックと言われているがそれでもいけるか。
□淡路島を希望する理由は。
□淡路島以外でも働けるか。
□中学社会の免許を取得する理由。
□書道部でどのような活動をしたか。
□パフォーマンスで留意したことは。
□困難だったことはなにか。
□表情や仕草から読み取るとは具体的には。
　→それをどのように生かしているか。
□あなたが現在取り組んでいること。
□互いのよさを認め合える学級とは。
□具体的にどのような取組を行うのか。
□ありがとうと素直に言えない児童にはどうか。
□あなたが学生時代これだけは頑張ったこと。

□兵庫のキャリアノートを知っているか。

　　→キャリアノートの活用のアイデア。

□ストレスは感じやすいか。

　　→ストレス解消方法は。

□教員は多忙と言われている。大丈夫か。

□学習指導要領改訂で注目していることは。

□命の大切さを伝える授業づくりとは。

□自分を大切にすることを伝えていく上で大切にしたいことは。

□あなたの強みとは。一言で。

【場面指導課題】

□トイレに行きたいと言う児童に続いて，複数の児童がトイレに行き
　たいと言い始めた。あなたはどうするか。

□加害者の保護者からうちは悪くないと電話がかかってきた。どう対
　応するか。

▼小学校全科

【質問内容】

□やった模擬授業を自己評価すると何点か。

　　→自己評価としてその点数をつけた理由は。

□今日は自宅からどうやって来たか。

兵庫県を志望した理由。

高校の部活のこと

　　→何人くらいの部員。

　　→一番大変だったことは。

□スクサポのこと

　　→自閉症の子供を交流学級のときにサポートしたことでどのような
　　　ことに気をつけたか

　　→コミュニケーションが難しいが。

　　→どのような制度なのか

□普段人と関わる際に一番気をつけていることは。

□4月から担任するとしてどのようなクラスにしたいか。

□どのようにリーダーシップを生かすのか。

【場面指導課題】

□授業中に嘔吐してしまったらどうするか。

▼小学校全科

【質問内容】

□卒論について。

□教育実習について

□いじめをどう思うか

□教員にとって，一番大切な資質能力は？

□いじめ防止のための取り組み

□いじめが起こった時の対応

　　→隣のクラスでケンカがあった。担当がいないときどうする。

　　→AちゃんがBちゃんをいじめている。理由をきくと，Bちゃんがくさいからという。

　　私の気持ちもわかってよといった。どう対応する。

▼中学国語

【質問内容】

□模擬授業の内容を聞かれてから，志望動機

□理想の教師像，不登校の子どもがいたらどうするかなどを聞かれる。

・模擬授業と同時に行う。

・自分の意見をしっかり言うこと。あくまで面接官との会話であることを忘れないように。

▼中学数学

【質問内容】

□兵庫県の教育についてどう思うか。

□不登校の生徒の親への対応。

□部活についてどう思うか。

□グループワークにおける注意点は何か。

□数学は日常生活で何の役に立つか。

□深い学びとは何か。

□関数とは何か。

□兵庫県の良いところ，悪いところ。

□どういった学級をつくりたいか。

□教員に求められる資質，能力3つ。

□あなたに備わっている能力，備わっていない能力とは。

▼中学数学

【質問内容】

□中学の志望動機，中学と高校の違い。模擬授業の工夫点。

□しんどい職業ですがたえられますか？

□教育基本法第9条の説明

□同僚との付き合い方

【場面指導課題】

□「いじめのクレームが保護者からきたら」→説明する。

※ロールプレイング方式ではなく，説明する。

・今年から追加されたとは言え，基本的な質問が多かった。

▼中学理科

【質問内容】

□模擬授業の評価やどこを直したらよいか。

□いつから教員になりたいと思っていたか。

□理科のおもしろさとは。

□ボランティアの中で気づいたことは。

□これまで見た授業で良かったもの悪かったもの。

□自分が新任教員になったら話したいことは，…など

・3人が交代で聞く形だった。

【場面指導課題】

□発達障害の子が学級内にいたらどう関わるか。

□いじめで不登校の子がいる。保護者からの電話にどう対応するか。

□子ども自身とはどうコミュニケーションをとるか(学校で会えないけど)，5人グループの子どもたちによるいじめだと分かった。そのいじめている側の子への対応はどうする？(1人ずつ？5人みんなで？)

・自分の想定とはちがった状況がどんどん追質問された。どういう対応がよいのか学んでおくべき。

▼中学英語

【質問内容】

□模擬授業に関する質問

　　→できはどうだったか。

　　→英語で授業を行っていないが，どう考えているか。

□願書の論述に関して

　　→興味関心を引く授業をどのように行うか。

　　→教科横断的とはどういくことか。

□願書について

　　→資格をどのように現場で生かすか。

□今後必要とされる英語の力とはどのようなものか。

【場面指導課題】

□いじめの対応について

□あなたの授業が分からないと保護者が言ってきた。どのように対応するか。

・個人面接の中で，質問形式であった。

▼養護教諭

【質問内容】

□志望動機。

□今までずっと養教を受験していたか。

□熱中症予防のため1・2学期にどんな指導をするか。
□今まで印象に残っている子どもはいるか。

▼高校国語
【質問内容】

□教職教養に関する知識(教基法など)。
□部活動指導に関すること。
□卒業論文について。
※主に願書の内容を中心に質問される。
【場面指導課題】
□居眠りしている生徒にどう対応するか，など。

▼高校地理歴史・公民
【質問内容】
□なぜ高校なのか?
□あなたが考える親身な指導とはなにか?
□あなたの考える親身さを押し付けに感じる生徒はいないか?
□部活で学んだことはなにか?
　→苦労したことはなにか?
□非常勤の仕事で困ったことはないか?
□普段授業で気をつけていることはなにか?
□あなたにとって教師に必要な資質とは?
□授業力を高めるために何かしていることはあるか?
□授業中にうつ伏せで寝ている生徒がいたらどうするか?
　→うちの子は寝てても周りに迷惑かけてないからいいでしょ?と保

護者から言われたらどうするか?
□あなたが思う嫌な教師は?
　→生徒からもその教師に関するクレームがきたらどう対応するのか?指摘するのか?
□感動体験はなにか?
　→その感動が自分にどう影響を与え，どう教師として生かしていくか?
□合理的配慮について知っているか?
　→合理的配慮の留意点はなにか?
□生徒からえこひいきしていると言われたらどうするか?
□あなたは友達からどんな性格だと言われているか?
　→その性格は自分でも思うか?
　→その性格は教師としてどう生かせるか?
□ICTについてどう思うか?
□自分ならどう活用していくか?
□新学習指導要領はいつから実施か?
　→その年の入学生から実施か?全学年で実施か?
□あなたに今足りていないものは?(教科指導・進路指導・生徒指導の中で)
・面接で緊張しやすい人は，とにかく練習を積み重ねることが重要。
・1次試験後にすぐに準備にとりかかること。

▼高校理科(生物)
【質問内容】
□教員の志望動機
□民間企業は受けたか
□採用試験に落ちたらどうするか
□教員になるうえで大切となる資質は
□コミュニケーション能力は十分か
　→情報力はコミュニケーション能力に関係あるのか

□地方公務員に禁止されていることは
□授業中明らかにスマートフォンを触っている生徒を見つけたら
□どんなクラス運営をしたいか
　　→生徒の頑張りを認めるとは
　　→生徒の頑張りを認めている先生を見たことはあるか
□合唱の全国大会で一番うれしかったことはなにか
　　→合唱部時代褒められたことはなにか
□やらかしたエピソード
□「合理的配慮」とは
□言葉が通じない生徒とのやりとりは
□口数が少ない生徒とのやりとりは
□教員における「タフ」とはなにか
　　→子供や親の要望に応えるばかりがタフではないだろう?
□しんどいことがあったらこたえるか
□ストレス発散法

▼高校家庭
【質問内容】
□緊張しているか
□なぜ兵庫県を志望したのか→兵庫県が力を入れている体験活動とは
□島根と兵庫が受かったらどちらをとるのか
□吹奏楽部ということで今までの成績がとても良いが,吹奏楽に力を
　　入れている学校なのか
□なぜ教員になろうと思ったか
□教員になるうえでの自分の強みはなにか
□友達からどんな人と言われるか
□中学における家庭科の魅力とは
□クラスの不登校の生徒の保護者が「いじめられているかもしれない」
　　と相談してきたとき,どう対応するか
□教員に必要な資質を3つ挙げよ

□発問に対して返さない場合どうするか
□実践的・体験的活動をするうえで具体的にどのようなことに取り組
むか
□教育実習で指導されたこと
□今の自分が教職で生かせること，足りないと思うところ
□学級崩壊の経験はあるか→何が原因だと思うか
□恩師のどこが良かったと思うか
□学級担任を任されたときにどんな学級にしたいか1つ挙げよ→それ
はなぜか
　→どのようなことをするか
□教員としての意気込みを述べよ

▼高校保体

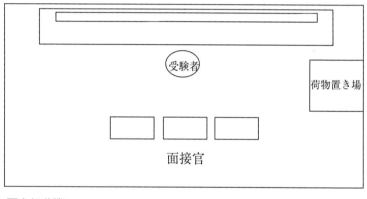

□志望動機について。
□高校の部活動での副主将について(願書より)。
□どのように副主将を決めているのか。
□あなたが副主将をすることについてチームメイトの反応は。
□副主将をしていて困ったことはあるか。
□部活動内のゴタゴタや人間関係の悩みはあったか。
□チームメイトが辞めたか。

□そのチームメイトを引き留めたか。

□現在の学校で困ったことは何か(部活でも分掌でもかまわない)。

□それをどのように対応したのか。

□今だったらどのように対応できるか。

□自分の関わった生徒を，どんな生徒に育てたいと思うか。

□校則について，あなたはどう思うか。

　　→校則は必要か，必要ないか。

□世間から茶髪はイメージが悪いと思われているか。あなたはどう思うか。

□今まで働いている中で，一番困ったことはなにか。それをどのように対応したのか。

　　→今同じことが起こったらどのように対応するのか。

□専門的な知識をどのように高めているのか。

□研修を定めている法律は。

□新学習指導要領に明記されている，「何ができるようになるか」は3つあるが1つは何か。

□どのようにしてアクティブラーニングを取り入れているのか(体育・保健共に)。

□授業を生徒が学びやすいようにどう工夫しているか。

□わかる授業とはなにか。

□こんな先生だけはなりたくないという先生像は。

□部活動を指導するうえでの厳しさと優しさについてどのように使い分けているか。

□部活動の目標設定についてどのように指導しているか。

・面接・模擬授業の練習をたくさんしていたおかげで，緊張することなく自分の想いを伝えられたと思う。やはり，聞かれていることに対して，簡潔に答える練習がまだまだ足りておらず，何が言いたいことなのかが分かりにくいと感じた。1分以内で簡潔に述べる練習を自分個人でも行う必要があると思う。また，自分の答えた言葉に対しての突っ込んだ質問にも，冷静に答えることが必要なので，そ

こでも簡潔に話せるよう，対応できる力が必要だと思った。

【場面指導課題】

□授業中，携帯電話を使用している生徒を見つけた。どう対応するか。

　→それでもすぐに渡さなかったらどう対応するか。

　→その後，放課後などに呼んで話をするとき，何を話すか。

・模擬授業に関しては，12分に時間が長くなったが，おかげでアクティブラーニングを取り入れることができ，導入から展開への転向がスムーズにできた。黒板は必ず使うこととされているが，そこはあまりこだわらず，板書する漢字等の書き順などに気を付け，色使いを工夫することが大事だと思った。

◆実技試験(2時試験)

▼小学校全科・特別支援

【課題1】

□歌唱「ふるさと」(文部省唱歌)

※無伴奏，任意の調

□器楽：「冬げしき」(文部省唱歌)

※キーボード，鍵盤ハーモニカ，またはソプラノリコーダーのいずれかを選択して演奏

※歌唱・器楽ともに楽譜を見ながらの演奏も可(会場の楽譜を使用すること)

※器楽にて，キーボード以外の楽器(鍵盤ハーモニカ，ソプラノリコーダー)を使用する場合は各自で持参すること。

【課題2】

□ボール運動(バスケットボール)

□器械体操(マット)

※運動できる服装，体育館シューズ(上ばきとは別のもの)を持参すること。

▼小学校全科

【課題1】

□歌唱「ふるさと」無伴奏，任意の調

□器楽「冬げしき」

※楽譜を見てもよいが，用意されてあるものを使用。

※歌唱・器楽ともに，数分程度練習できる。

【課題2】

□ボール運動(バスケットボール)

□器械運動(マット)

※練習するチャンスもある。

▼小学校全科

【課題1】

□歌(ふるさと)

□ピアノ(冬げしき)

【課題2】

□マット運動(側方倒立回転→前転→伸膝後転)

□バスケットボール(パス→レイアップシュート→ゴール下シュート2
　本→ジグザグドリブル→遠投)

・実技試験(とくにマット)ができていない人はだいたい落ちている。

▼小学校全科

【課題】

※体育からのグループと音楽からのグループに分かれて試験

・体育：練習は事前に2回。白ポロシャツ多い。側転はできていない
　人が大半。

・音楽：ピアノが多い。事前に5分の練習ができる。

・待ち時間がとにかく長いので，本などもっていくべき!!　400点中の
　100点が実技

▼小学校全科

【課題1】

□バスケットボール

①ピボット

②レイアップシュート

③シュート

④ドリブル

⑤遠投

・失敗しても，最後までやり切ることが大切だと思った。

□マット運動

①前転

②側転

③後転

・体育実技は，はじめる前にあいさつをするとよりよいと思った。

【課題2】

□うた「ふるさと」

□ピアノ「冬げしき」(6人で1組)

・緊張からか，大体の人がペースが早かった。ゆっくり落ちつくこと
　が必要だと思った。

▼小学校全科

【課題1】

□バスケット

①パス，ピポット

②レイアップシュート

③ジャンプシュート

④ドリブル

□マット運動

①側方倒立回転

②前転からの$\frac{1}{2}$ひねり

③伸膝後転

【課題2】

□歌唱「ふるさと」

□器楽「冬げしき」

・配点が低いので，一次合格発表後に対策するのでよい。

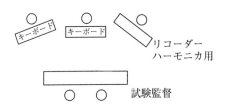

▼小学校全科

【課題1】

□バスケットボール

①パス→ピボット

②ドリブルからジャンプシュート

③リング下左右からのジャンプシュート

④ジグザグドリブル

⑤遠投

上記①～⑤を連続して行う

※1度練習あり

※グループにより終了時間が異なる

※控え室の部屋ごと

□器械運動(1人2回練習)

①側転

②前転

③ジャンプ$\frac{1}{2}$ひねり

④伸膝後転

上記①〜④を連続して行う

【課題2】

□歌唱「ふるさと」

□器楽「冬げしき」

※別の控え室に移り練習。

※7人ずつグループになり試験をうける。

※1人ずつ歌唱(楽譜は備え付けのもの使用可)。

※その後，器楽(キーボードはそこにあり，リコーダー，鍵盤は持参)を行い，終われば終了。

・どちらも上手くできなくても大丈夫なので落ちついてやるとよい。

▼中学英語

【課題】

□日本で英語を学ぶ必要性についてどう説明しますか。

□電子翻訳機があれば，会話の機能は必要ないと思いますか。

※上記のどちらかテーマがあたえられ，3分間のスピーチを行う。その後，ALT主導で，そのテーマに関する質問があり，その質問について，受験生同士でディスカッションを行う。

※4人1組

※控え室でテーマが渡され，そこで15分間原稿を作る時間がある。

※日本人1人，ALT1人の試験官で，日本人の方が試験の流れを説明する。

▼中高音楽

【課題】

□新曲視奏(アルトリコーダー)

□弾き語り

□和楽器演奏(任意の楽器，任意の曲)

□専門実技

※アルトリコーダー。専門実技に使用する楽器は各自で持参すること。

※選考試験係で用意する和楽器：箏，和太鼓。その他の和楽器は，各
　自で用意すること。

▼中高家庭
【課題】
□被服，食物に関する基本的な技術
※裁縫用具，実習用白衣，三角巾を持参すること。

▼中高理科
□実験・視察
※実験用白衣

▼中学理科
【課題】
□実験　1人
Ⅰ　0.3Nのおもり4つとばねを与えられて
①ばねののびを調べる実験装置をつくる
②おもりの重さとばねののびを表にする
③グラフ用紙にグラフを書く
Ⅱ　①3つの岩石をルーペで観察し，花崗岩を選ぶ
②花崗岩の組織の特徴を述べる
③花崗岩を水中と空気中でつるしたばねののびをはかる
④Ⅰの③のグラフから花崗岩の質量，体積，密度を求める
・前半は物理の知識だけでもなんとかなるが，後半は花崗岩を選べな
　いと全部まちがえるので，物理と地学両方の知識が必要。ただ，例
　年出題範囲が幅広く対策しづらい。

▼中高保体
【課題】
□陸上競技

□器械運動

□水泳

□球技(バスケットボールまたはバレーボール)

□武道(柔道または剣道)またはダンス

※運動のできる服装，体育館用シューズ，屋外用運動靴，水着，水泳帽，柔道着または剣道用具またはダンスのできる服装を持参すること。

▼高校保体

【課題】

□武道・ダンス選択(ダンス)

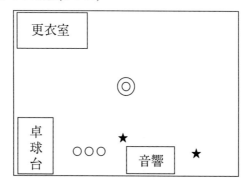

◎は実施者，★は試験官，○は受験生(以下同)

①整列，挨拶，説明。曲の時間は40秒程度と説明を受ける。

②曲を3回流す間に着替えを済ませ，受験番号とテーマを書いておく(卓球台に準備されている)。

③その後，更に3回曲を聴き，自由に練習。

④再度整列し，最終説明を受ける。

⑤曲の途中でダンスが終わったら，終わりましたと言う。

※受験番号順に，1人ずつ発表。発表者以外は観賞。

□器械運動(マット運動)

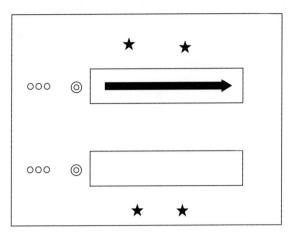

①片足水平バランス

②伸膝前転

③側方倒立回転

④倒立前転

⑤半ジャンプ(一連の流れ)

⑥伸膝後転

※片手を挙げてから試技開始。終了時は両手を挙げる。

※技の順番は必ず提示された通りに行うこと。

※練習は2回まで出来るが，必須ではない。

・全員2回練習していた。

※練習，本番共に2人同時に実施。

□実技選択(バスケットボール)

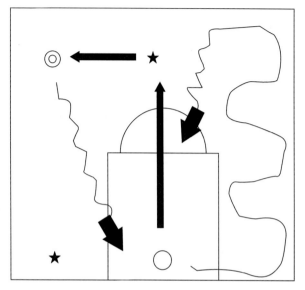

①キャッチ
②ピボット4種(右ピボット，左ピボット，フロントターン，バックターン)
③ドリブル
④レイアップシュート
⑤ジグザグドリブル
⑥ドリブル
⑦ジャンプシュート(FTライン)
⑧リバウンド
⑨ゴール下シュート(右，左)
⑩試験官にパス，終了
※順番の説明を受けた後，試験官の実演を見る(1回)。
※受検者1人1回ずつ練習を行う。
※シュートは外れてもやり直さないこと。
※左右行うものはどちらからでも構わない。

□陸上競技(ハードル)

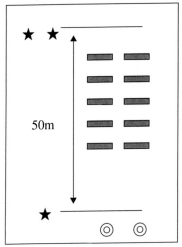

※W-upは，10分間。ハードルを使用できる。

※50mにハードル5台。ハードルの高さ：約76cm。

※1台目まで：12.5m。インターバル：7.5mくらい(7mかもしれません)

※受験番号順に2人ずつ計測。

※1本目にどうしても納得がいかなかった人だけ2回目実施。

□水泳

①バタフライ→背泳ぎを実施(スタートは水中・飛び込み自由)。

②平泳ぎ→自由形を実施(必ず水中スタート)。

※25mを1本のみ練習。

※プールの底に立つのはセーフ。歩くと減点対象になる。

※棄権する際は手をあげる。タッチ等ルールをしっかり守って行うこと。

体育館配置図

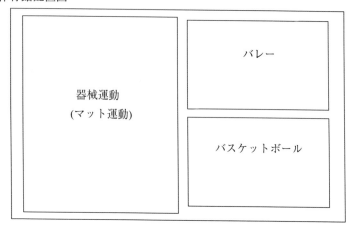

▼中高英語

【課題】

□英語によるコミュニケーション能力テスト

※辞書(電子も可)を持参すること(※ただし携帯電話・タブレット端末の辞書機能は不可)。

▼中高美術

【課題】

□鉛筆デッサン

□基礎デザイン(色彩構成)

※鉛筆デッサン用具一式，平面デザイン用具一式(ポスターカラー等)，30cmの直定規，画板(カルトン)を持参すること。

▼中高技術

【課題】

□ものづくりに関する基礎的技術

□パソコンに関する基礎的技術

※実習服及び運動靴を持参すること。

▼中高工業

【課題】

□機械：機械に関する基礎的技術

□電気・電子：電気・電子に関する基礎的技術

□建築：建築に関する基礎的技術

※機械：実習服・実習帽，電気・電子：実習服，建築：実習服を持参すること。

▼中高商業

【課題】

□コンピュータの活用技術

▼高校理科(生物)

【課題】受験者2人に試験官1人

□オオカナダモの観察

※実験を進めながら7問ほどの筆記問題に答えた。

※衝立があり，受験者同士が見られないようになっていた。

・用意されていたピペットやスポイトには色テープが貼られており，使い分けがしやすいようになっていた。

▼中高情報

【課題】

□パソコン及び情報ネットワークの活用技術

▼高校家庭

【課題1】

□鶏肉のクリーム煮を作る。

※6人1グループで先に被服をするグループと調理をするグループで交

　　代して行う。

※材料だけ書いてある紙を渡され，手順を考える時間を一分間与えられる。

・ポイントはホワイトソースをきちんと作れるか。

・基本の切り方や調理方法，分量割合を頭に入れておいたほうがよい。

【課題2】

□ショートパンツを作成。

※条件に従って作成する。

・教科書に載っている基本的なものは作れるようになっておいたほうがよい。

▼養護教諭

【課題】

□養護教諭の職務に関する基礎的技術

※動きやすい服装

▼養護教諭

【課題】

□熱中症の処置：心肺蘇生(中学生・男子)

□四肢の状態について(小2・女子)

□左膝のすり傷(小学生・女子)

※服装：白のポロシャツ，ジャージのズボン(黒・紺)

2018年度　面接実施問題

◆集団討論(1次試験)　面接官2人　受験者8人　20分

▼全区分

【テーマ】

□保護者との関わり方について

□いじめのない学校づくりについて

□「心の教育」の推進について

※テーマは試験の1週間前頃にホームページで3つ公表され，そのうち1つが出題される。

※1人1分以内で発言を行うこと。挨拶などは省略すること。

※テーマについて考える時間はなく，着席次第開始される。

※討議中はメモをとっても構わないが，メモは試験終了後回収される。

※司会の設定についての指示はない。また，討論の結論を出す必要はない。

※下記の評定項目に基づいて5段階評定で実施する。

(1)　健康度(困難を克服する精神力や健康性に関する評価)

(2)　積極性(仕事に対する意欲や情熱に関する評価)

(3)　共感性(児童生徒に対する共感性に関する評価)

(4)　社会性(周囲とのコミュニケーション能力に関する評価)

(5)　堅実性(ものの見方や考え方に関する評価)

▼小学校全科

【テーマ】

□いじめのない学校にするためにはどうすればよいか。

・講師の方が多く，話に飲まれそうになったが，自分なりの立場で意見を言えた。

・積極的に手を挙げる方がよいかもしれないが，時間が短いので3回

243

発言できればOKだと思う。ただし，1次は筆記試験で差がつくと思う。

・テーマについて，親の目線・学校側の目線・児童側の目線・地域それぞれの目線というようにたくさんの意識をもつ。

▼小学校全科
【テーマ】
□保護者との関わり方について。

・入室・退室も挨拶はいらない。

・面接官はあまり見ていなかった。

・臨時講師をしている受験者たちが保護者との実際の関わりについて，自分がしたことを話すため，現役の学生がおいてけぼり状態だった。しかし，臨時講師をしている受験者にも1次で落ちていた人がいた。

・ラスト3分になると，面接官が告知してくれるので，今までに出た意見をまとめながら，結論が出せたらよい。

・一番のポイントは，他人の発言に共感して，次につなげていくこと。

▼中学数学
【テーマ】
□保護者とのかかわりについて。

・自分の流れへもっていけるように司会した。

・入退室合わせて20分なので，討論自体は17分ほどだった。

▼中学理科
【テーマ】
□心の教育の推進について

・受験者は男女・講師・学生混合だった(一般受験)。

・事前に発表されていたテーマについて，大学で練習していった。

・ありきたりな内容ではなく，具体的に1分以内で話すよう気をつけ

た。

▼中学特支

【テーマ】

□「心の教育の推進」について自由に討論せよ。

※A〜Hの席に座り，アルファベットで受験者を呼び合う。

※自由討論のため，司会者はなし。メモ用紙あり。

・最初の1〜2分は自分で発言内容を考え，それから討論が始まる。

・集団討論は受験者全員が行うため，面接官はとても急いだ様子だった。最後に順に出ていくときも，挨拶もしっかりとしないまま早く帰るように言われる場合もあるので，すみやかな行動を心がけた方がよい。

▼高校英語

【テーマ】

□保護者への対応について討論せよ。

※A〜Hの順に入室し，着席。時間短縮のため入室時の挨拶などは不要と言われた。

※面接官からテーマが与えられ，その話題で17分討議する。

※時間になると面接官から止められ，面接官からの質問などは一切なく終了。

・一人の発言回数は平均で2回程度だった。

・議論するというよりは各々が思うことを話す意見交換会のような形になった。

・8名の中で1次通過者は3名だった(新卒2人，社会人経験1人)。積極的な発言(最初に手を挙げる，等)やにこやかな話し方が印象に残った人たちだった。

▼養護教諭

【テーマ】

□「心の教育」の推進について

・話している人の顔を見てうなずくようにした。

・前に話した人の意見をよく言ったり，うまく取り入れたりしながら
　自分の意見を言った。

・話が止まったら違う切り口で話してみるとよい。

◆個人面接(2次試験)　面接官3人　35分

　※受験区分に応じて，約10分間の模擬授業を実施する(ただし，養護教
　　諭区分受験者には模擬授業にかえて，約5分間の模擬保健指導を実
　　施する)。なお，模擬授業や模擬保健指導の内容については，面接
　　開始前に示す。

　※個人面接(10分間)，模擬授業(10分間)，個人面接(15分間)の順で実施
　　する。なお，個人面接では場面指導を含む。

　※試問例は下記の通り。なお，この例のすべてが全員に必ず試問され
　　るとは限らない。

　□願書の記載内容について。

　□志望動機について。

　□理想の教員像について。

　□これまで努力してきたことは。

　□教育法規等について。

　※下記の評定項目に基づいて5段階評定で実施する。

　(1)　態度・表現力(表情や話し方に関する評価)

　(2)　意欲・積極性(仕事に対する意欲や情熱に関する評価)

　(3)　判断力(状況に応じた判断力に関する評価)

　(4)　専門性(教科科目の専門的指導力に関する評価)

　(5)　将来性(教員としての資質や人間性に関する評価)

▼小学校全科

【質問内容】

□大学で一番取り組んだことはなにか。

　　→その中で印象に残っていることはなにか。

□これまでに出会った魅力的な先生とはどんな先生か。

□あなたが教えるのが苦手な教科はなにか。また，その教科を児童に
　どう教えるか。

□児童の問題行動に対して，どのように対応するか。

□保護者とどうつながるか。

□ADHDの児童に対して，どのように指導するか。

□指導力を高めていくにはどうするか。

□あなたが6年生のクラスを担任したとき，どのようなクラスにした
　いか。

【場面指導課題】

□あなたが3年生のクラスの担任になったとき，どのようなあいさつ
　をするか。

▼小学校全科

【質問内容】

□緊張するか。

　　→どのようにほぐすか。

　　→今日はどうしたか。

□今までの人生について詳しく，困難は。

□大学を選んだ理由は。

【場面指導課題】

□担任になった際どのようなあいさつを児童の前でしたいか。実演せ
　よ。

・基本的にとても優しかった。人によっては圧迫の場合もあるようだ
　った。

247

▼小学校全科

【質問内容】

□ボランティア活動で印象に残っていること。

□高校までの部活，大学での部活。

□大学で頑張っていること。

□意見の異なる先生とのつき合い方。

□学級崩壊になってしまったら。

【場面指導課題】

□ケンカを止めた際，(小学校受験なのに)中学生が挑発的に「やってみろやー」と言ったらどうするか。

　→口頭で，私ならまず○○します。次に○○対応します。という感じで答える。

▼小学校全科

【質問内容】

□趣味について。

□休みの日に何をしているか。

□いじめがあなたのクラスで起こったらどうするか。

□今回の学習指導要領の改訂のポイントは。

□学社融合という言葉を知っているか。

□不登校の児童には，どのように対応していくか。

□学級通信を作るとしたらタイトルの名はどうするか。

□どんな子どもを育てたいか。

□命の大切さをどう伝えるか。

□一番取り組みたいことは何か。

□教材研究をどうしていくか。

※面接官が3人いて1人ずつ質問してくる。

※1人目が緊張をほぐすような質問，2人目が教育の専門的な質問，3人目が担任になったとき具体的に何をしたいか中心にした質問だった。

▼小学校全科
【質問内容】
□ICTに対して何か努力しているか。
□実習で学んだことは。
□苦手な教科は。
　→どう教えるのか。
□どのように心の教育をするか。
□専門教科は。
□なぜ特支免許取らなかったのか。
□教師を目指したきっかけは。
□自分らしさを出せたか。
・穏やかな雰囲気だった。
・友達は，法律や施策について聞かれた場合や，圧迫の場合もあったらしい。

▼小学校全科
【質問内容】
□部活動で頑張ったこと。
□ボランティアについて学んだこと。
□今までで一番辛かったこと。
　→それをどう乗りこえたか。
□好きな教科は。
　→なぜ好きか。
□卒業論文について。
　→なぜこれをしようと思ったか。今後どう生かすか。
・履歴書(願書)からの質問が多かった。

▼小学校全科
【質問内容】
□学級で配慮を要する児童にどんな対応をしているか。

□外国語をどう伝えるか。
□新学習指導要領の改訂ポイントについて。
・講師をしているため，実際にどんなことをしているか聞かれること
　が多かった。

▼小学校全科
【質問内容】
□志望動機について。
□教育実習について。
□あなたにとって「教育」とは何か。
□友達からどんな人と言われますか。
・基本的には願書に書いてある内容が多かった。
・リラックスして臨むことが大切であると感じた。
・面接官の方も圧迫ではなく，優しい方が多かった。

▼中学数学
【質問内容】
□他に就活はしているか。
□部活で副キャプテンをして困ったことは。
□部活で副キャプテンをして大変だったことは。
□スクールサポーターでの経験をどうぞ。
□小・中・高の免許を取っているがなぜ中学か。
□あなたのときと高校入試の制度が変わったがどう変わったか。
□模擬で改善したらよいことは。
□数学の基本とは何か。
□数学の楽しさとは何か。
□教員に必要な資質を3つどうぞ。
　　→その資質は身についているか。
□今回落ちたらどうするか。
□なぜ教師を志望したか。

【場面指導課題】

□茶髪の生徒の保護者がなぜダメか文句を言ってきたらどうするか。

▼中学理科

【質問内容】

□不登校への対応。

□校外への引率時に気をつけること。

□いじめを未然に防止するためには。

【場面指導課題】

□学年初めの懇親会で何を言うか。

・具体的な教育的質問と，部活動や自己PRなどについての質問が1：1
　くらいだった。

・焦らず，笑顔と大きな声と目線を意識した。

▼中学音楽

【質問内容】

□志望動機。

□音楽が苦手な子にはどうする。

□音楽で身につけたい力は。

□音楽科でも思考力って必要。

□授業をさぼった子にどう声かけをする。

□音楽の授業は受験に必要ないと生徒に言われたら。

【場面指導課題】

□4月に生徒と保護者の前で新任のあなたはどのような挨拶をするか，
　1分程度で。

□遠足出発前に連絡なしに遅れて来た生徒にどのような対応をする
　か。

▼高校国語

【質問内容】

□教育法規について。

□志望動機について。

□理想の教師像について。

□国語の魅力，国語の力とは。

□部活動指導について。

□願書について。

▼高校地歴

【質問内容】

□高校の部活で辛かったこと，成長できたと思うこと。

□非常勤経験の中で苦しかったことは。

　　→問題のある生徒にどう対応したか。

　　→その後生徒は変わったか。

□文化祭でクラスに何をさせたいか。

□教員の不祥事(体罰，セクハラ)などはどうすればなくなると思うか。

□願書について。

・圧迫ではなかった。

▼高校英語

【質問内容】

□どうやってここまで来たか。

□他の自治体の受験状況及び理由。

□兵庫県の教育について知っていること。

□部活で部長をやっていて良かったと思うこと(願書をみながら)。

□教育実習中に教員になろうと思った時はどんな時だったか。

□留学に至った経緯は。

□実習で自分は教員に向いていると思ったところ。

□向いていないと思ったところ。

□英語で授業をする時はどんなことが難しいと思うか。

□経験のない部活動の顧問を任された時はどうするか。

→その際，生徒に「経験のない先生についていって僕たちは強くなれるのか」と言われた時はなんと答えるか。

□行事で乗り気じゃない生徒にどうやる気を持たせるか。

□教員の言葉遣いについて思うことはあるか。

→生徒指導の際には言葉遣いについてどういったことに気をつけたらよいか。

□今までモデルとなった英語教員はいたか。

□今，学生で教壇に立った経験が教育実習しかないということに不安はないのか。

□(願書に書いてあるイギリス留学経験を見ながら)イギリスの階級社会は肌で感じたか。

□(願書に書いてある競技かるたサークルについて)好きな百人一首の歌はなにか，かるたを使って生徒に教えたいことはあるか。

□家庭学習を定着させるにはどんなしかけが必要か。

▼養護教諭

【質問内容】

□なぜこの都道府県を志望したか。

□養護教諭を志望する理由。きっかけとその時期。

□周りからはどんな人と言われるか。

□部活動の顧問になれるか。またどの部活か。

□長所と短所。

→短所はどう克服するか。

□学生中一番頑張ったこと。

□ボランティアは何をしていたか，また何を学んだか。

□今日の面接は何点か，その理由。

・質問している人だけでなく，全ての面接官の顔を見る(1人3秒は見て視線を移す)ようにしていた。

・質問に対する答えは長くしないほうがよい。30～40秒でおさめた。時に一言のときもあった。

▼養護教諭

【質問内容】

□養護教諭，兵庫県の志望動機。

□友達と関わるとき大事にしていることは何。

□食物アレルギーの対応どうするか。

□発達障害の子に対してどうしているか。

□苦労したことは何かあるか。

□困ったことがあるとどうしているか。

□大学のボランティアで印象に残っていることは何か。

□SCとどう連携しているか。

□不登校対応委員会では何を発信しているか。

□LGBTの対応どうしていきたいか。

□保健指導，何をしてきたか。

□心の健康課題，何があると思うか。

　　→なぜそう思うか。

　　→保健室でどう対応していくか。

□他の先生とどう連携していくか。

□どんな保健室をつくりたいか。

▼養護教諭

【質問内容】

□どうして，兵庫県を受験したか。

□自己PR(1分間)。

□校種について(希望はあるか否か)。

□今まで取り組んできたこと。

□兵庫県の教育基本理念について。

▼特別支援

□緊張しているか。何時間眠れたか。

□志望動機(どうして教師を目指したのか。なぜ兵庫県なのか。)

□ボランティアはどんなことをしていたのか。

　→リーダーをしているとのことだが，どんなことをしていたのか。

□父親の影響を受けて教員になったとのことだが，どんな考えを持っているのか。

□子ども達の人間関係をどのようにして把握していくのか(追質問あり)。

□保護者対応について。

　→保護者とは，どのように対応していくか。

　→保護者が学校と連携したくないと言ってきたらどうするか。

　→誠実に対応するとは。

□他者評価と言っていたが，特別支援の子ども達にできると思うか。

□あなたは，教師として子ども達に伝えたいことは何か。それは，特別支援の子供と通常学級の子どもと違う内容としたいか。

□願書に書いた内容(児童生徒の自ら学ぶ意欲を高める指導とは)についての質問。

□卒業論文についての質問。

□なぜ，特支の先生なのか。

□兵庫県のキャリア教育について。

□次期学習指導要領についてポイントを述べよ。

□地域と学校が協力するためには，何が必要か。

□地域と協力するメリットとは。

・3人中2人は，圧迫気味の面接であった。練習のなかで，圧迫面接を取り上げるのがいい。

◆模擬授業(2次試験)　面接官3人　受験者1人　15分(構想5分，授業10分)

　※養護教諭のみ，面接官4人，授業(保健指導)時間5分であった。

　※個人面接・場面指導・模擬授業合わせて35分間で行う。

　※面接開始前に教科書のコピー(見開き1ページ)が配布され，5分間の構想を行う。

※5分で構想→入室→個人面接→模擬授業10分→個人面接の流れで行う。

※板書は必ず行うこと。また，授業は導入だけで終わらせず，必ず展開させること。

※児童生徒役は面接官が行う。

▼小学校全科

【課題】

□4年生・理科「月の動き」

※個人面接の2人目の途中で模擬授業に移った。

※授業に入る前に「あなたが授業を行う上で最も大切なことは何か」ということをきかれた。

・模擬授業の科目は国・算・社・理の4科目で前日に出た科目は出ない。友人に聞くとしぼれる可能性がある。

・試験官があまり児童役をしてくれなかったので，練習するときは児童の発言も自分で考えながら模擬授業をした方がよい。

・黒板にはまず授業の柱となるめあてを大きく書く。

・色チョークが(赤・黄)あったが，赤色は見にくい色だったので，黄色の方がいいかもしれない。

・自分は，コピーを見ても何を伝えればいいか分からなかったので導入でかなり時間を使った。

・面接官が優しそうな雰囲気だったので，個性を発揮して自信を持ってやれば大丈夫だと感じた。

・内容はあまり見ていないように感じた。

▼小学校全科

【課題】

□6年生・理科「食物連鎖について」

※課題は試験会場の前に着いて，個人面接開始5分前の指示があるまで見てはいけない。

※机間指導は行わない。

【質問内容】

□10分前に戻れるとしたらどこを変更するか。

□ポイントは。

□何を学んでほしいか。

▼小学校全科

【課題】

□4年生・国語「春のうた」

※黒板で練習していたが，本番はホワイトボードだった。

・導入(6〜7分)→展開(3〜4分)程度の時間配分で行った。

・やったことのある教材だったのでやりやすかった。

・練習は国・算・社・理を時間のある限りたくさんやった。

▼小学校全科

【課題】

□5年生・算数「約数と最大公約数」

・5分前に内容を知らされる。

・笑顔で楽しくやるとよいと感じた。

・仮想具体物を使った。

▼中学数学

【課題】

□確率の導入

※面接官3人が生徒役として，発表なども行う。

・アクティブラーニングを取り入れたこと(キャップを配って生徒に体験させて起こりやすさを実感させたこと)がよかったと思う。

・内容は全くダメだったが，自分なりの明るさと声のトーンなど，立ち振る舞いに気をつけた。

・黒板を消すタイミングを自分は逃して後悔したので，あらかじめ確認すべき(指示は一切なかった)。

▼中学理科

□化学電池について

・面接官は子ども役だが，反応はなかった。

・面接官はうなずきながら聞いてくれた。

▼中学音楽

【課題】

□「夏の思い出」

※面接官3人を生徒に見立てるよう指示があり，実際に発問をしたとき答えられた。※黒板を必ず使うよう指示もあった。

・当日指定で考える時間も少ないので，一番何を教えたいかという見通しを強く持って一生懸命やるといいと思う。

▼高校国語

【課題】

□『論語』

【質問内容】

□模擬授業の出来等について。

▼高校地歴

【課題】

□日清戦争と三国干渉について。

※35分の個人面接の中間で急に始まった。

※教科書のコピーは見ながら授業できる。

・面接官をA，B，Cさんとして3人に1回ずつ当てた。しっかり答えてくれた。

▼高校英語

【課題】

□コミュニケーション英語Ⅰ(高校1年生向け)

※コピーは左ページに長文・右ページに文法の説明・練習問題が載っ
　ていた。

※コピーへの書き込みは可・持ち帰り不可。

・面接官は3人のうち2人(英語専門)が生徒役をしてくれた。ノリよく
　参加してくれた。

・一度だけ，指名した時に「わからない」という返答があった。

・課題は文章量が少なく比較的易しいものだったと思う。

【質問内容】

□模擬授業の自己評価について。

□先ほどの授業の狙いはなんだったのか。

▼養護教諭

【課題】

□中学校の朝会で，インフルエンザの予防について指導せよ。

・2分程，考える時間があった。

・「インフルエンザを防ぐための方法で知っていることや，実践して
　いることはありますか？」「はい，○○さん。」「手洗い，うがい！
　大正解です！」などの児童生徒参加型の授業を行うよう心がける。

・一人一人とゆっくりアイコンタクトを取る。笑顔を忘れない。少し
　オーバーにアクションするとよい。

▼養護教諭

【課題】

□全校集会で集まった中学生に対し，インフルエンザの保健指導を5
　分間実施。

・指導は途中までで構わない。

▼特別支援

【課題】

□知的障害児3人の中で1人は(視覚・聴覚・肢体・病弱のいずれか一つ

を選んで)重複障害として授業をせよ。

【質問内容】

□この後の展開は。

◆実技試験(2次試験)

▼小学校全科

【課題1】

□歌唱：「おぼろ月夜」(文部省唱歌)

※無伴奏，任意の調

おぼろ月夜　文部省唱歌

♩＝76〜84 ぐらい

なの　は　なばた　け－に　い　り　ひ　う　す

れ　み　わた　すやま　の－は　か　す　み　ふ　か

し　はる　か　ぜそよ　ふ－く　そ－ら　を　み　れ

ば　ゆう　づきかか　り－て　に　お　い　あわ　し

□器楽：「まきばの朝」

※キーボード，鍵盤ハーモニカ，またはソプラノリコーダーのいずれかを選択して演奏

※歌唱・器楽ともに楽譜を見ながらの演奏も可(会場の楽譜を使用すること)。

※器楽にて，キーボード以外の楽器(鍵盤ハーモニカ，ソプラノリコーダー)を使用する場合は，各自で持参する。

まきばの朝　文部省唱歌

※6～8人グループで教室に入り，1人ずつ歌う。

・歌唱をはじめる前に音をとることができる。

・器楽は鍵盤ハーモニカ選択が多いが，リコーダーの方が抑揚をつけ
　やすいため，余裕があるならリコーダーの方がよいかもしれない。
・テンポが重要。

【課題2】

□ボール運動(バスケットボール)

※バスケットボールは5号球を使用する。

①チェストパス(2回)，ピボット

②ドリブルからジャンプシュート(レイアップシュート)

③リング下左右からのジャンプシュート

④ジグザグドリブル

⑤ワンハンドパス(遠投)

上記①～⑤を連続して行う。

※①～④はホームページで事前に告知されていたが，⑤のワンハンド
　パス(遠投)は当日追加された。

※半面15人，2面ずつ行う。

・ワンハンドパスは当日いきなり加えられて，できていない人が多か
　った。

・ジャンプシュートをはずしたが合格したので，あまり見られていな
　いイメージ。

□器械運動(マット)

①　側方倒立回転

②　前転からジャンプ1/2ひねり

③　伸膝後転

上記①～③を連続して行う。

※模範演技があった。

※15人×マット2枚で行う。

※ボール運動は1回，器械運動は2回練習できた。

※側転は助走ができないので注意する。

※運動のできる服装，体育館シューズ(上ばきとは別のもの)を持参す
　ること。

▼中高理科
【課題】
□実験・観察(電圧についての実験)
※実験用白衣を持参すること。
※30分で実験を行い，プリントを埋めて，片付けをする。
・プリントに大体の操作(方法)が書かれていた。
・基本的な実験器具の使い方，片付け方は，マスターすべきである。
・実験後の片付け途中で終わってしまったが合格できた。

▼中高英語　面接官2人(ALT1人，日本人1人)　受験者4人
【課題】
□英語によるコミュニケーション能力テスト
　示されたテーマ(封筒に入った状態で配布される。2種あるが選べない)に基づいて，15分間でスピーチ原稿を作成し，3分間のスピーチを行う。その後，テーマについて集団討論を行う。
〈テーマ〉
□英語の授業を英語で行うときに気をつけることは。
□英語の授業で生徒のモチベーションを高めるには。
※日本人の面接官から試験の内容が日本語で説明され，その後はALT
　主導で行われるため指示・受け答え全て英語だった。
※スピーチは準備ができた人から挙手して始められる形式だった。
※全員スピーチを終えると，自由な形式で討論を開始する。
※辞書(電子も可)を持参すること(ただし携帯電話・タブレット端末の
　辞書機能は不可)。
・基本はALTからの質問に答える形式だった。挙手で答える形もあれ
　ば，指名される時もあった。また，今のBの意見を聞いてAはどう
　思った，などと振られることもある。
・受験者のスピーチ内容からお互いに質問し合うこともOKだった。
・テーマに関しての質問は，①グループワークの欠点は，②生徒のレ

ベルが違うクラスではどう授業できるか，③それぞれの生徒のレベルをどうすれば知ることができるか，などがあった。

▼中高家庭

【課題】

□被服，食物に関する基礎的・基本的な技術

※裁縫用具，実習用白衣，三角巾を持参すること。

▼中高音楽

【課題】

□アルトリコーダー演奏

提示した楽曲を演奏する(新曲視奏)。

※2枚のうち1枚は楽譜を選んで1分間黙視の後演奏する。

□弾き語り

　三木露風作詞　山田耕筰作曲「赤とんぼ」(変ホ長調)の1番を弾き語りする。

□和楽器演奏

任意の楽器で任意の曲を演奏する。

※専門実技「D　邦楽専攻」受験者は専門実技と異なる曲とする。

※選考試験係で用意する楽器：箏，和太鼓(締太鼓，長胴太鼓)。

※チューナーは用意されており，自分で調弦する。

※その他の和楽器は，各自で用意する。

□専門実技

※演奏前に個室で練習する時間がある。

※楽譜の持ち込み可。

A　ピアノ専攻

　次の2曲のうち1曲を選び，その第1楽章を演奏する。

(1)　モーツァルト作曲　ピアノソナタ　K.332　第1楽章

(2)　ベートーヴェン作曲　ピアノソナタ　Op.2—Nr.2　第1楽章

※繰り返しなしで演奏する。

B　声楽専攻

　次の3曲のうち1曲を選び，指定された調で歌う。

(1)　日本歌曲「ふるさとの」(2番まで)石川啄木作詞，平井康三郎作曲

ニ長調又はへ長調

(2)　イタリア歌曲「Vergin,tutto amor」ドゥランテ作曲

ハ短調又はニ短調

(3)　ドイツ歌曲「An die Musik」(1番のみ)シューマン作曲

ハ長調又はニ長調

C　管，弦，打楽器専攻
　　任意の曲(自作曲は含まない)を選び，無伴奏で演奏する。
※事前調査表の提出時に，楽譜を1部提出すること。

D　邦楽専攻
　　任意の曲(自作曲は含まない)を選び，無伴奏で演奏する。
※事前調査表の提出時に，楽譜を1部提出すること。

E　作曲，楽理，音楽学科専攻等
　　A～Dのいずれかの専攻を選んで演奏する。

▼中高保体
【課題】
□陸上競技
□器械運動
□水泳
□球技(バスケットボールまたはバレーボール)
□武道(柔道または剣道)またはダンス
※運動のできる服装，体育館用シューズ，屋外用運動靴，水着，水泳
　帽，柔道衣または剣道用具またはダンスのできる服装を持参するこ
　と。

▼中学美術
【課題】
□鉛筆デッサン
□基礎デザイン(色彩構成)
※鉛筆デッサン用具一式，平面デザイン用具一式(ポスターカラー等)，
　30cmの直定規(画板(カルトン)を含む。)を持参すること。

▼中学技術

【課題】

□ものづくりに関する基礎的技術

□パソコンに関する基礎的技術

※実習服及び運動靴を持参すること。

▼高校工業

【課題】

□共通：パソコンに関する基礎的技術

□機械：機械工学に関する基礎的技術

□電気・電子：電気回路の組立てと計測

□建築：建築に関する基礎的技術

□工業化学：工業化学に関する基礎的技術

※共通実技試験の際，使用するソフトウェアはMicrosoft社のOffice2013，OSは，Windows 7 professionalである。

※共通：筆記用具，機械：実習服・実習帽，電気・電子：実習服，建築：実習服，工業化学：実習服又は白衣を持参すること。

▼高校書道

【課題】

□毛筆・硬筆

※書道道具一式(2B鉛筆含む)，30cmの直定規を持参すること。

▼高校商業

【課題】

□コンピュータの活用技術

※使用するソフトウェアはMicrosoft社のOffice2013，OSは，Windows 7 professionalである。

▼高校情報

【課題】

□インターネット，パソコンと情報機器の活用技術

※使用するソフトウェアはMicrosoft社のOffice2013，OSは，Windows 7 professionalである。

▼養護教諭　20分

【課題】

□熱中症第二度の処置(中学生対象…視診，触診など全て声に出して行うこと)

□右第二指骨折の疑いの処置(小学生対象…ドッジボールをしていて，中指を負傷した場面。視診，触診など全て声に出して行うこと)

□鎖骨骨折の固定

※用意してあった救急用品は，①ペットボトル(水，お茶，スポーツドリンクと書いてある)，②三角巾，③指用シーネ，④サージカルテープ，⑤膿盆，⑥包帯，⑦ハサミ，⑧うちわ，⑨大きいタオルであった。

※1つの対応が終わると，一旦教室の外で待機していた。

・本当に面接官が苦痛を感じている子どもだと思って接する。

・痛みや苦痛をしっかり受け止める。

・必ず子どもの顔が見える所で処置する(背中にまわらない)。

・バイタルサインなどは詳しく声に出す(例：熱は37.0°だね，脈は80回で問題ないね。など)

2017年度　面接実施問題

◆集団討論(1次試験)　面接官2人　受験者8人　20分(構想5分，討論15分)

▼全区分

【テーマ】

□教員に必要とされる資質のうち，"世間"から今の教員に不足していると思われている資質はなにか。また，その資質を向上させるためには，どうするべきか。

※1人1分以内で発言を行うこと。討議中はメモをとっても構わない。

※司会の設定についての指示はない。また，討論の結論を出す必要はない。

・受験者数が多いため，1人の発言時間はかなり限られる。議論をまとめつつ，いかに効果的な発言ができるかがポイントだと思う。

・他の人の意見にも言及しながら議論を進めていく協調性や，話を聞く態度も見られていると思う。

・論点からずれた発言を行うと面接官の注意が入った。今回のテーマは「世間から」の視点が問われているため，議論から外れた個人的な視点からの発言は印象が良くない。正しくテーマを捉え，議論の方向性を踏まえて簡潔に発言を行いたい。

◆個人面接(2次試験)　面接官3人　35分

※受験区分に応じて，約10分間の模擬授業を実施する。(ただし，養護教諭区分受験者には模擬授業にかえて，約5分間の模擬保健指導を実施する)なお，模擬授業や模擬保健指導の内容については，面接開始前に示す。

※個人面接(10分間)，模擬授業(10分間)，個人面接(15分間)の順で実施する。なお，個人面接では場面指導を含む。

▼小学校全科

【質問内容】

□大学で一番取り組んだことはなにか。

→その中で印象に残っていることはなにか。

□これまでに出会った魅力的な先生とはどんな先生か。

□あなたが教えるのが苦手な教科はなにか。また，その教科を児童に どう教えるか。

□児童の問題行動に対して，どのように対応するか。

□保護者とどうつながるか。

□ADHDの児童に対して，どのように指導するか。

□指導力を高めていくにはどうするか。

□あなたが6年生のクラスを担任したとき，どのようなクラスにした いか。

【場面指導課題】

□あなたが3年生のクラスの担任になったとき，どのようなあいさつ をするか。

▼中学国語

【質問内容】

□部活動を通して学んだことはなにか。

□グローバル化に対応するためにあなたがしたいことはなにか。

□コミュニケーション能力を高めていくにはどうするか。

□地方公務員における法律で定められている義務を1つ挙げなさい。

▼高校国語

【質問内容】

□経験のない部活動での指導はできるか。

□読書活動について，生徒の本嫌いにどのように対応するか。また， 図書室はどうあるべきだと考えるか。

□教員とはどのような存在だと思うか。

【場面指導課題】

□いつもと様子がちがう生徒(寝る，宿題をしてこないなど)がいた場合，どのような対応をするか。

□保護者からクレームが電話で来た場合，どう対応するか。

▼高校地歴

【質問内容】

□教育公務員に課せられている禁止事項はなにか。

□あなたが受験生だった頃に比べて，今の公立高校の受験システムは異なっているが，なにか知っているか。

□高校で取り組まれている体験活動の内容を知っているか。

□こういう教師になりたいという例を1つ，こんな教師にはなりたくないという例を1つ挙げなさい。

【場面指導課題】

□不登校生徒への対応

□授業中に私語をしている生徒への対応

・自分の受ける校種の教育施策の細部や，最近の教育時事，兵庫県の教育改革などをしっかり予習しておく必要がある。

▼高校英語

【質問内容】

□兵庫県のいいところはなんだと思うか。

□あなたの留学経験は高校での英語教育にどう役立つか。

□英語が苦手な生徒に対して，どう教えるか。

・狭く深く聞いてくる面接だった。どんなことでも深堀されても具体的に答えられるよう，あらかじめ色々な質問を深く想定しておく必要がある。

・簡潔にハキハキと明るく話すことを心がけたい。ダラダラと話してから結論を言うのではなく，はじめに結論を言って，面接官の次なる質問を待つくらいでもよいと思う。

・教師の立場で回答することを心がけたい。話す声の大きさや姿勢，態度なども教師としてふさわしいものであるかどうか見られていることに注意する。

▼特支教諭
【質問内容】
□自立活動について
□自立について
□組織的対応について
□校務分掌について
□専門性を高めるためになにをしているか。
□感動した体験はあるか。
□地域社会と連携していくためにはどうすればいいか。
□部活動の魅力はなにか。
□子どもの呼び名(○○さん・○○くん)について，どう考えるか。

◆模擬授業(2次試験)　面接官3人　受験者1人　15分(構想5分，授業10分)
　※面接開始前に教科書のコピー(見開き1ページ)が配布され，5分間の構想を行う。
　※板書は必ず行うこと。また，授業は導入だけで終わらせず，必ず展開させること。
　※児童生徒役は面接官が行う。
▼小学校全科
【課題】
□3・4年生社会「ダムについて」
□6年生国語「敬語について」
【質問内容】
□授業の出来を自己採点する場合，100点満点中何点か。
□工夫した点はなにか。

□上手くいかなかった点はなにか。

□ふりかえりはどうするか。

・まとめまで考えた上で授業を行った方がいいと思う。

▼中学国語

【課題】

□『見えないだけ』牟礼慶子

【質問内容】

□この授業で今回の学習課題を何割の生徒が達成できると思うか。

▼高校国語

【課題】

□土佐日記『門出』

【質問内容】

□この後はどのように展開していくつもりか。

□この授業の範囲で一番重要な箇所はどこだと考えているか。

・教材は直前に渡されるので，あらかじめ自分なりの授業の型を考え
　ておくとよい。例えば，生徒に発問してペアワークをさせたり，生
　徒の発言や疑問点などをみんなに考えさせて生徒の発言を板書に活
　かしたりするような工夫が考えられよう。

▼特支教諭

【課題】

□小学校3年生の弱視の児童3名に対して，算数科「三角形」の授業

・構想時間が短く，障害種別も直前まで分からないため，あらかじめ
　様々なパターンで練習して慣れておくのが望ましい。

◆実技試験(2次試験)

　▼小学校全科

　【課題1】

　□歌唱：「もみじ」(文部省唱歌)

　※無伴奏，任意の調

　もみじ　文部省唱歌

あ　き　の　ゆ　う　ひ　に　　て　るーや　ま　　も　みーじ

こ　い　も　う　す　い　も　　か　ずーあ　る　　な　か　に

ま　つ　を　い　ろ　ど　る　　か　えーで　やー　つ　た　は

や　ま　の　ふ　も　と　の　　す　そーも　よ　う

　□器楽：「ふじ山」

　※キーボード，鍵盤ハーモニカ，またはソプラノリコーダーのいずれ

　　かを選択して演奏

　※歌唱・器楽ともに楽譜を見ながらの演奏も可(会場の楽譜を使用する

274

こと)

※器楽にて，キーボード以外の楽器(鍵盤ハーモニカ，ソプラノリコーダー)を使用する場合は，各自で持参

ふじ山　文部省唱歌

♩=92〜100

【課題2】

□ボール運動(バスケットボール)

バスケットボール(5号球)

① パス，ピボット

② ドリブルからジャンプシュート(レイアップシュート)

③ リング下左右からのジャンプシュート

④ ジグザグドリブル

上記①〜④を連続して行う。

□器械運動(マット)

① 側方倒立回転

② 前転からジャンプ $\frac{1}{2}$ ひねり

③ 伸膝後転

上記①〜③を連続して行う。

※運動のできる服装，体育館シューズ(上ばきとは別のもの)を持参すること。

▼中高音楽

【課題】

□アルトリコーダー演奏

提示した楽曲を演奏する。(新曲視奏)

□弾き語り

吉丸一昌作詞　中田章作曲「早春賦」(変ホ長調)の1番を弾き語りする。

※楽譜については1次試験日に配布するものを使用すること。

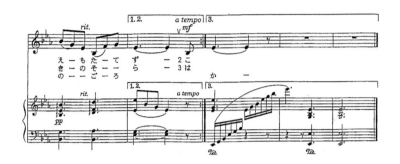

□和楽器演奏

任意の楽器で任意の曲を演奏する。

※専門実技「Ｄ　和楽器専攻」受験者は専門実技と異なる曲とする。

※選考試験係で用意する楽器：箏，和太鼓

※その他の和楽器は，各自で用意

□専門実技

Ａ　ピアノ専攻

　次の2曲のうち1曲を選び，その第1楽章を演奏する。

(1)　モーツァルト作曲　ピアノソナタ　KV.309　第1楽章

(2)　ベートーヴェン作曲　ピアノソナタ　Op.10—Nr.2　第1楽章

※繰り返しなしで演奏する。

Ｂ　声楽専攻

　次の3曲のうち1曲を選び，指定された調で歌う。

(1)　日本歌曲「椰子の実」島崎　藤村　作詞　　大中　寅二　作曲

ト長調又はイ長調

(2)　イタリア歌曲「Caro mio ben」ジョルダーニ　作曲

ニ長調又は変ホ長調

(3)　ドイツ歌曲「Im wundersc honen Monat Mai」シューマン　作曲

ヘ長調又はイ短調

C　管，弦，打楽器専攻

　任意の曲(自作曲は含まない)を選び，無伴奏で演奏する。

　ただし，時間は3分程度とする。長い曲の場合は，途中で打ち切る。

※事前調査表の提出時に，楽譜を1部提出すること。

D　邦楽専攻

　任意の曲(自作曲は含まない)を選び，無伴奏で演奏する。

　ただし，時間は3分程度とする。長い曲の場合は，途中で打ち切る。

※事前調査表の提出時に，楽譜を1部提出すること。

E　作曲，楽理，音楽学科専攻等

　A～Dのいずれかの専攻を選んで演奏する。

※備考

(1)　専門実技，一般実技とも楽譜を見ながら演奏してもよい。

(2)　声楽の伴奏は，事務局で用意する。

(3)　譜面台は事務局で用意する。

(4)　管楽器の唾用のぞうきんは，各自用意すること。

(5)　事務局で用意する打楽器は，マリンバ，ティンパニ(23,26,29,32インチ)のみとする。マレット，スティック等は，各自用意すること。

(6)　アルトリコーダーについては，各自用意すること。

(7)　調弦等は各自で行うこと。(チューナーを使用してもよい)

(8)　事務局で用意する和楽器は，箏(13弦)，和太鼓(締太鼓，長胴太鼓の2種類)のみとする。その他の和楽器については，各自用意すること。

(9)　和太鼓のばち，箏の爪については，各自用意すること。

▼中高家庭

【課題】

□被服，食物に関する基礎的・基本的な技術

※裁縫用具，実習用白衣，三角巾を持参すること。

▼中高理科
【課題】
□実験・観察
※実験用白衣を持参すること。

▼中高保体
【課題】
□陸上競技(50mハードル走)
□器械運動(マット)
□水泳(4泳法)
□球技(バスケットボールまたはバレーボール)
□武道(柔道または剣道)またはダンス
※運動のできる服装，体育館用シューズ，屋外用運動靴，水着，水泳帽，柔道衣または剣道用具またはダンスのできる服装を持参すること。

▼中高英語　面接官2人(ALT1人，日本人1人)　受験者4人
【課題】
□英語によるコミュニケーション能力テスト
　示されたテーマに基づいて，15分間でスピーチ原稿を作成し，3分間のスピーチを行う。その後，テーマについて35分間の集団討論を行う。
〈テーマ〉
□英語の授業でペアワークを行う際に気をつけることはなにか。
□英語を話す際，発音の正しさと流暢さのどちらが大切か。
※スピーチ原稿を作成する際，辞書を使用しても構わない。また，スピーチの際，原稿を見ながら行っても構わない。
※討論では，面接官であるALTを司会者として，2つのテーマに対し

それぞれ受験者2人を振り分けて実施する。

▼中学技術

【課題】

□ものづくりに関する基礎的技術

□パソコンに関する基礎的技術

※実習服及び運動靴を持参すること。

▼中学美術

【課題】

□鉛筆デッサン

□基礎デザイン(色彩構成)

※鉛筆デッサン用具一式，平面デザイン用具一式(ポスターカラー等)，
　30cmの直定規(画板(カルトン)を含む。)を持参すること。

▼高校工業

【課題】

□共通：パソコンに関する基礎的技術

□機械：機械工学に関する基礎的技術

□電気・電子：電気回路の組立てと計測

□建築・土木：建築・土木に関する基礎的技術

※共通：筆記用具，機械：実習服・実習帽，電気・電子：実習服，建
　築・土木：実習服を持参すること。

▼高校書道

【課題】

□毛筆・硬筆

※書道道具一式(2B鉛筆含む)，30cmの直定規を持参すること。

▼高校商業

【課題】

□コンピュータの活用技術

▼高校情報

【課題】

□インターネット，パソコンと情報機器の活用技術

▼養護教諭

【課題】

□養護教諭の職務に関する基礎的技術

2016年度　面接実施問題

◆集団討論・面接(2次試験)　面接官3人　受験者5〜8人　35分

※集団討論(構想5分，実施15分間)，集団面接(15分間)の順で実施される。

※集団討論では，最初に討議テーマに基づく各自の意見を1分程度で述べた後，自由討議を行う。なお，討議テーマについては，面接開始前に示す。

▼小学校全科

【テーマ】

□子どもたちに対して命の大切さの理解を図るために，どのような取り組みをするか。

□子どもたちの体力や運動能力が低下しているとき，どのような取り組みをするか。

□地域住民から学校へクレームがきた場合，どのように対応するか。

【質問内容】

□話を聞くときに大切だと思うことはなにか。また，それについての具体的なエピソードはあるか。

※全ての発言を1分以内で行うよう指示される。

※討論中はメモをとっても構わない。

・討論では，話し合い・意見の交流を楽しむよう意識するとよいと思う。

▼中学音楽

【テーマ】

□生徒の規範意識の低下について

【質問内容】

□保護者との連携はどのように行うか。

□話を全く聞かない生徒へ，どのように対応するか。

▼中学美術
【テーマ】
□部活動の意義と役割について
【質問内容】
□部活動において，休みの日(「ノー部活デー」)は必要か。また，子どもや保護者に対してその必要性をどのようにして説明するか。
□あなたは土曜・日曜も練習を行う強豪部活の顧問を任された。毎週土曜・日曜のいずれかにノー部活デーを設けることを計画したところ，保護者から「両日とも休みにしてほしい」との要望があった。保護者へどのように対応するか。
・全体の雰囲気を確認しながら，試験官の求めることをしっかり踏まえて発言することを心掛けたい。

▼中学保体
【テーマ】
□教師間の連携について
【質問内容】
□教師は学校ではチームで行動するが，他のチームと連携するにはどうすればよいか。
□ちゃんとしている学校とは，どんな学校か。

▼中学英語
【テーマ】
□「開かれた学校づくり」について

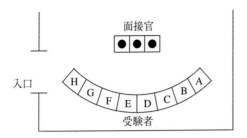

▼高校国語

【テーマ】

□「言葉の力」の育成について

【質問内容】

□討論前のテーマに対する自身の意見は，討論を経て変化したか。

・討論では，具体的な対策を発言できることが大切である。

▼高校数学

【テーマ】

□学級経営についてどのようなクラスにしたいか。また，そのために

　どのような取り組みをするか。

【質問内容】

□中学生と高校生でのクラス経営の違いはあるか。

□クラスを担任するとき，初めに生徒たちへ伝えたいこととはなにか。

▼高校保体

【テーマ】

□生徒の長所を伸ばすために，どのような取り組みをするか。

◆個人面接(2次試験)　面接官3人　35分

　※受験区分に応じて，約10分間の模擬授業を実施する(ただし，養護教

論区分受験者は模擬授業にかえて，約5分間の模擬保健指導を実施する)。なお，模擬授業や模擬保健指導の内容については，面接開始前に示す。

※個人面接(10分間)，模擬授業(10分間)，個人面接(15分間)の順で実施される。

▼全区分

【質問内容例】

□願書の記載内容について

□志望動機について

□理想の教員像について

□これまで努力してきたこと

□教育法規

▼小学校全科

【質問内容】

□人との関わりの上で大切にしていることはなにか。

□勉強が苦手な子どもへの対応について。また，その子どもが話を聞かない場合，どうするか。

□学校開きの時，子どもたちへの初めのあいさつはどのようにするか。

□これから求められる教員の資質と能力とはなにか。

□スクールセクハラとはなにか。

・面接はあくまで会話であることから，暗記した内容を述べるだけでなく，自身の言葉で伝えられるようにすることが大切である。

▼中学音楽

【質問内容】

□体験活動とは，具体的にどのようなものか。

□ある女子生徒から「男性教師から嫌がらせを受けている」との相談を受けた。どのように対応するか。

□自分は教師に向いていると思うか。

□専門楽器を始めた経緯について。

▼中学美術
【質問内容】
□地方公務員法第16条の内容は知っているか。
□中学校教員の魅力とはなにか。
□個人行動と集団行動とではどちらが好きか。

▼中学保体
【質問内容】
□生徒指導において，学級の持つ組織的機能を高めるにはどうすれば
　よいか。
□生徒を指導する際，毅然とした態度をとれるか。
□あなたにとって体育とはなにか。

▼中学英語
【質問内容】
□教育公務員特例法とはなにか。
□公務員の禁止事項とはなにか。

▼高校国語
【質問内容】
□コミュニケーション能力を高めるためにしていることはなにか。
□ある生徒が，いじめを受けているとあなたに打ち明けたが，他の人
　には言わないでほしいと言われた。どのように対応するか。
□来校した保護者から「あなたの授業はわかりにくい」との指摘を受
　けた。その保護者と2人で話し合いをする。どのように対応するか。
□授業でグループ活動を行う際，グループ内に1人優れた生徒がいた
　ら，その生徒に頼り切りになってしまう恐れがある。どのように対
　応するか。

▼高校数学

【質問内容】

□地方公務員法に記載されている義務を2つ答えなさい。

　→職務に専念する義務とはなにか。

□最近感動したことはなにか。

□去年と比べて自身が成長したと思える点はどこか。

□中学校では携帯電話は禁止となっているが，携帯電話を持ってこさせない指導と，持ってこさせる指導とでは，どちらが難しいか。

▼高校英語

【質問内容】

□教育委員会の制度改革について。

□教員になるために高めたスキルはなにか。

◆模擬授業(2次試験)　面接官3人　10分(構想5分)

▼小学校全科

【課題】

□理科：磁石について

□理科：水溶液の仲間分け

※題材は面接開始5分前に提示される(教科書見開き1ページ分)。

※面接官は児童生徒役をする(発問しても，反応しない場合もある)。

※黒板の使用可。

▼中学音楽

【課題】

□早春賦

※ピアノはなく，黒板を使用した。

※授業後，自己評価で至らなかった点・工夫した点，楽曲解釈などの質問があった。

▼中学保体

【課題】

□呼吸機能と循環機能

【質問内容】

□この単元でなにを学ばせたいか。

□生徒の意欲を高めるために大切にしていることはなにか。具体的に
　3つ答えなさい。

▼中学英語

【課題】

□比較級の復習

【質問内容】

□英語に対する苦手意識にどう対応していくか。

※面接官のうち1人は，英語が苦手な生徒役を演じる。

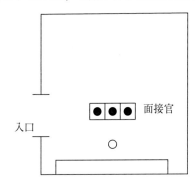

▼高校国語

【課題】

□1年生：短歌

□伊勢物語　筒井筒

【質問内容】

□今後の展開について。

▼高校数学

【課題】

□関数の導入

▼高校保体

【課題】

□最新保健体育「運動・休養と健康」

【質問内容】

□保健の専門性とはなにか。

◆実技試験(2次試験)

　▼小学校全科

【音楽課題】

□歌唱：「こいのぼり」(文部省唱歌)

※無伴奏，任意の調。

こいのぼり

文部省唱歌

い ー ら ー か の な ー み ー と 　 く ー も ー の な み

か ー さ ー な る な ー み ー の 　 な ー か ー ぞ ら を

た ち ば な か ー お ー る 　 あ さ ー か ぜ に

た か く お ー よ ー ぐ や こ い ー の ぼ り

□器楽：「とんび」(梁田貞　作曲)

※キーボード，鍵盤ハーモニカ，またはソプラノリコーダーのいずれ
　かを選択して演奏。

とんび

梁田　貞　作曲

※原曲では，このだんは ♩. ♪♪ になっています。

※歌唱・器楽ともに楽譜を見ながらの演奏も可(会場の楽譜を使用する
　こと)。

※器楽にて，キーボード以外の楽器(鍵盤ハーモニカ，ソプラノリコー
　ダー)を使用する場合は，各自で持参。

【体育課題】

□ボール運動(バスケットボール)

　ピボット，ドリブル，レイアップシュート，ゴール下左右シュート，ジグザグドリブル，チェストパス(練習1回)。

□器械運動(マット)

　側転，前転，180度ジャンプ，伸膝後転(練習2回)。

※運動のできる服装，体育館シューズ(上ばきとは別のもの)を持参すること。

・最初と最後の挨拶はきちんとする。

・ミスをしても流れを止めず，一生懸命取り組むことを心掛けたい。

▼中高音楽

【課題】

□アルトリコーダー演奏

　提示した楽曲を演奏する(新曲視奏)。

□弾き語り

　江間章子作詞　中田喜直作曲 「夏の思い出」 (ニ長調)の1番(主旋律)を弾き語りする。

※楽譜については1次結果通知書と同時に発送する楽譜を使用すること。

夏の思い出

作詞　江間章子

作曲　中田喜直

□和楽器演奏

　任意の楽器で任意の曲を演奏する。

※選考試験係で用意する楽器：箏，和太鼓。

※その他の和楽器は，各自で用意。

□専門実技

A　ピアノ専攻

　次の2曲のうち1曲を選び，その第1楽章を演奏する。

(1)モーツァルト作曲　ピアノソナタ　KV330　第1楽章

(2)ベートーヴェン作曲　ピアノソナタ　Op.14　No.1　第1楽章

※繰り返しなしで演奏する。

B　声楽専攻

　次の3曲のうち1曲を選び，指定された調で歌う。

(1)日本歌曲

　「初恋」　石川啄木作詞　越谷達之助作曲　変ホ長調又はヘ長調

(2)イタリア歌曲

　「Vaghissima sembianza」　ドナウディ作曲　ヘ長調又はイ長調

(3)ドイツ歌曲

「Sehnsucht nach dem Frühlinge」　オーヴァーベック作詞　モーツァルト作曲　ニ長調又はヘ長調

C　管，弦，打楽器専攻

任意の曲(自作曲は含まない)を選び，無伴奏で演奏する。

ただし，時間は3分程度とする。長い曲の場合は，途中で打ち切る。

※事前調査票の提出時に，楽譜を1部提出すること。

D　作曲，楽理，音楽学科等専攻

A，B，Cいずれかの専攻を選んで演奏する。

※備考

(1)専門実技，一般実技とも楽譜を見ながら演奏してもよい。

(2)声楽の伴奏は，事務局で用意する。

(3)譜面台は事務局で用意する。

(4)管楽器の唾用のぞうきんは，各自用意すること。

(5)事務局で用意する打楽器は，マリンバ，ティンパニ(23，26，29，32インチ)のみとする。マレット，スティック等は，各自用意すること。

(6)アルトリコーダーについては，各自用意すること。

(7)調弦等は各自で行うこと(チューナーを使用してもよい)。

(8)事務局で用意する和楽器は，箏(13弦)，和太鼓(締太鼓，長胴太鼓の2種類)のみとする。

その他の和楽器については，各自用意すること。

(9)和太鼓のばち，箏の爪については，各自用意すること。

▼中高家庭

【課題】

□被服，食物に関する基礎的・基本的な技術

※裁縫用具，実習用白衣，三角巾を持参すること。

▼中高理科

【課題】

□実験・観察

※実験用白衣を持参すること。

▼高校理科(生物)

【課題】

□アミラーゼの酵素反応を見る実験

　3種の酵素濃度に対し，反応速度を変え，活性の強さを調べる。

※別途解答用紙があり，実験の考察や内容に関する知識を問う問題に
　対して解答をする。

※50分間で実施する。

▼中高保体

【課題】

□陸上競技

　50mハードル走(タイム計測，クラウチングスタートで実施)。

□器械運動

　マット運動(側方倒立回転，伸膝前転，倒立前転，伸膝後転)。

□水泳

　25m，泳法自由。

□球技(バスケットボールまたはバレーボール)

　バレーボール：アンダーパス，オーバーハンドパス，スパイク。

□武道(柔道または剣道)またはダンス

※運動のできる服装，体育館用シューズ，屋外用運動靴，水着，水泳
　帽，柔道衣または剣道用具またはダンスのできる服装を持参するこ
　と。

▼中高英語

【課題】

□英語によるコミュニケーション能力テスト

▼中高英語

【課題】

□スピーチ

テーマ：英語授業におけるアクティブ・ラーニングについて，ALTの
　　　　利点と欠点。

　テーマについて，10分間でスピーチ原稿を構想し，後に面接官に向
けてスピーチを行う。

□グループディスカッション(30分間)

スピーチと同テーマで行う。

□英問英答

※面接官2人(ALT1人，日本人1人)，受験者4人，40分間，英語のみを
　用いて実施する。

▼中学技術

【課題】

□ものづくりに関する基礎的技術

□パソコンに関する基礎的技術

※実習服及び運動靴を持参すること。

▼中学美術

【課題】

□鉛筆デッサン

箱ティッシュをモチーフとする。

□基礎デザイン(色彩構成)

電球をモチーフとする。

※鉛筆デッサン用具一式，平面デザイン用具一式(ポスターカラー等)，

30cmの直定規(※上記用具には画板(カルトン)を含む。)を持参すること。

※2時間30分で実施。どちらから始めても構わない。構図は自由。

▼高校工業
【課題】
□共通：パソコンに関する基礎的技術
□機械：機械工学に関する基礎的技術
□電気・電子：電気回路の組立てと計測
□建築・土木：建築・土木に関する基礎的技術
※共通：筆記用具，機械：実習服・実習帽，電気・電子：実習服，建築・土木：実習服を持参すること。

▼高校書道
【課題】
□毛筆・硬筆
※書道道具一式(2B鉛筆含む)，30cmの直定規を持参すること。

▼高校商業
【課題】
□コンピュータの活用技術

▼高校情報
【課題】
□インターネット，パソコンと情報機器の活用技術

▼養護教諭
【課題】
□養護教諭の職務に関する基礎的技術

2015年度 | 面接実施問題

◆集団討論・面接(2次試験)　面接官3人　受験者5人～10人　30～40分
　※グループ分けは受験科目に関係なく行われる。
　※集団討論，集団面接の順で実施される。
　※集団討論はテーマがランダムで1題提示される。

▼小学校教諭
【テーマ】
□教員のコミュニケーション能力について。
□発達段階に応じた防災教育について。
□不登校について。
□指導の優しさと厳しさについて。
□体罰について。
　※集団討論の後に集団面接が実施された。
【質問内容】
□子ども，家庭・地域，教員同士，という3者に対してどのように配慮して接するか。
□(討論テーマに関して)実際にどのような取組みができるか。
□発達段階ごとに行う防災教育での留意点は何か。
□保護者からの信頼を得るために，あなたはどんな努力をするか。
　※順番に全員答えていく質問と，挙手して答えていく質問があった。

▼高校数学
【テーマ】
□自立した子どもを育てるためにどのような教育をすることが大切か。
　※集団討論の後に集団面接が実施された。

300

【質問内容】

□子どもを自立させるために具体的にどのような行動を取るか。

□教育で大切なことを漢字1字で表すと何か。

▼中学社会

【テーマ】

□防災教育について。

▼高校社会(地歴)

【テーマ】

□部活動は学校から切り離すべきか。

□グローバル化が進む中で，学校はどのように対応していくべきか。

▼高校理科(生物)

【テーマ】

□指導の優しさと厳しさについて。

　※集団討論の後に集団面接が実施された。

【質問内容】

□あなたの意見の背景となった知識や経験について。

▼高校英語

【テーマ】

□学校が地域から信頼を得るためにどうすればよいか。

□地域や保護者から学校が信頼されるためにどういうことができるか。

□体罰はなぜなくならないのか。

　※1回の発言は1分以内との注意があった。

　※討論中に面接官から，「別の視点からも考えてみてください。討論内容が薄い」という指摘があった。

　・受験者が多いので，自分が話せる時間が十分にない。いかに協調

性を示しながら，発言できるかが大切である。
・独創的な考えをいうより，常識的で実現可能な発言をすることが
　求められる。

▼中学音楽
【テーマ】
□マナーについて。
　※集団討論の後に集団面接が実施された。
【質問内容】
□(討論テーマに関して)マナーとルールは違うか，違うとしたらどこ
　が違うのか。

◆個人面接(2次試験)　面接官3人　35分
※3人の面接官が1人ずつ順番に質問していく。

▼小学校教諭
【質問内容】
□なぜ小学校教諭なのか。
□教員の義務に関して。
□ボランティア，部活動などに関して。
　→そこから何を学んだか，それをどのように教育に生かすか。
□最近の気になるニュースに関して。
□義務教育は必要かどうか。
□義務教育期間は長いか短いか。
□いじめが起こらないようにするにはどうするか。
□いじめが起こったら(発覚したら)どうするか。
　→本当にそれだけで大丈夫か。
□いじめの対処として気をつけることは何か。
□4月最初のHRで何を話すか。

□大雨洪水警報が発令された場合どうするか。

□教えるのが1番好きな教科は何か。

□自己PRを含めて，兵庫県の教員になった際に，兵庫県の利益になることを述べよ。

　※エントリーシートの内容から質問を多くされる。

　※一問一答ではなく，会話のキャッチボールのように3，4回やりとりがある。

　・1つの事柄を深く突っ込んでくる傾向にあるため，つじつまを合わせようとしても厳しい。

▼高校数学
【質問内容】

□自立した子どもを育てるために取り組みたいことは何か。

□兵庫県を受験した理由について。

▼中学社会
【質問内容】

□地方公務員法の内容について。

□兵庫県の教育施策について。

□自己PR。

▼高校社会(地歴)
【質問内容】

□公務員の禁止事項は何か。

□長所，短所は何か。

□卒業論文に関して。

□(自分の)部活動について。

□キャリア教育をどのように実践していくつもりか。

□基礎・基本とは何か。

□長続きしない子にどのような手立てがあるか。

□今までに辛かったことと，それをどのように克服したか。
□教育実習から学んだことは何か。
□ストレス解消法は何か。

▼高校理科(生物)
【質問内容】
□塾講師と学校教員の違いは何か。
□兵庫県と併願している他県の教育の違いは何か。
□兵庫県の体験型教育には何があるか。
□教員の道に進む上で今のうちに経験しておくべきことは何か。
□あなたが担任であったとして，いじめがあった際にどのような行動
　をとるか。
　　→担任1人で対処しないのはなぜか。
□自己PR。

▼中学英語
【質問内容】
□教育法規，指導要領について。
□(経験のない)部活動を持たされたらどうするか。
□SNSでの問題がクラスの生徒の中で起こったらどう対応するか。

▼高校英語
【質問内容】
□高校を志望する理由。
□英語教員をいつから目指していたのか。
□兵庫県の教育について知っていることを3点あげよ。
□ストレス解消法は何か。
□体罰を見たらどうするか。
□海外のことで何に興味があるか，またどこの地域か。
□勤務先がもし遠くの学校になったらどうするか。

□最近気になる教育関連の時事問題。

□いじめが起きたらどうするか(場面指導)。

□体育館裏でたばこを吸っている生徒(10人)を発見したらどうするか。その10人の親を呼んで，親の前で話をするというテーマで，1分間スピーチをせよ。(場面指導)

　・なぜ兵庫県なのか，兵庫県の何がよいのか，大阪府は受験していないのかといったことをかなり聞かれた。

▼中学音楽

【質問内容】

□教育法規について。

□私立出身でなぜ公立学校を受けるのか。

□さまざまなタイプの生徒・保護者に対してどのように対応していくか。

◆模擬授業　10分(準備時間　約5～10分)

　※個人面接の途中で行われる。

　※模擬授業はランダムで1題提示される。

　※板書は必ずするように指示される。

　※机間指導はなし。

　※模擬授業後には模擬授業に関して質問があった。

　※面接前に教科書のコピー(見開き1ページ)が配布され，5分程で構想を練る。(ただし30秒や2分程だったという人も)

▼小学校教諭

【テーマ】

□植物の変化を観察しよう。(理科)

□金属のあたたまりかたを調べよう。(小4理科)

□言葉の組立てを考えよう。(小4国語)

□火事について。(小4社会)
【質問内容】
□(模擬授業を受けて)今日の授業で1番大切なポイントは何か。
□(模擬授業を受けて)なぜこの目標にしたのか，話し合いを入れたのはなぜか。
　→その話し合いに意味があるのか。
　・面接官が児童役だが，的外れな答えをしたりして困らせてくる。

▼高校数学
【テーマ】
□三角比の拡張について。
【質問内容】
□模擬授業は何に気をつけて行ったか。
□(模擬授業で)板書で直せる点があるとしたらどこか。
□(模擬授業で)もしきちんと準備する時間があったらどんな準備をしたか。
□模擬授業に点数をつけるなら何点か。
　→その理由は何か。

▼高校理科(生物)
【テーマ】
□原核・真核細胞とその特徴について。
【質問内容】
□(模擬授業に関して)この授業の核は何か。
□(模擬授業に関して)生徒が主体的になれる授業の工夫には何があるか。
□(模擬授業に関して)原核・真核生物の相違を見るための実験には何があるか。

▼中学英語
【テーマ】
□現在進行形について。

▼高校英語
【テーマ】
□単元「盲目のピアニスト」
【質問内容】
□(模擬授業でレッスンの導入を10分行ったので)模擬授業の後に続く
　40分の授業展開について説明。
□(模擬授業で)すべて英語で授業していたが，英語で授業をした経験
　はあるか。
□模擬授業は何がねらいだったか。
□模擬授業の単元は4技能のうちどの技能を伸ばすものか。

◆実技試験(2次試験)

▼小学校教諭
【音楽実技課題】
□歌唱：「冬げしき」(文部科学省唱歌／石桁冬樹編曲)
　※無伴奏，任意の調。
　※初めに音の確認はできる。
□器楽：「翼をください」(村井邦彦作曲／加賀清孝編曲)
　主旋律を変ロ長調で演奏する。
　※2つで合計30分程度。
　※キーボード，鍵盤ハーモニカまたはソプラノリコーダーのいずれ
　　かを選択して演奏する。
　※楽譜は5月末にホームページに掲載される。
　※歌唱・器楽ともに楽譜を見ながらの演奏も可(会場の楽譜を使用

すること)。

※器楽にて，キーボード以外の楽器(鍵盤ハーモニカ，ソプラノリコーダー)を使用する場合は，各自で持参。

・とても緊張するので，練習の際にいろいろな人に見てもらうとよい。

【体育実技課題】

□バスケットボール

パスを受ける → ピボットターン → ドリブル → レイアップシュート(左右1回ずつ) → ジグザグドリブル → パス

※練習1回，本番1回であった。

□マット運動

側方倒立回転 → 前転 → ジャンプターン → 伸膝後転

※練習2回，本番1回であった。

※2つで合計1時間程度。

※携行品は，運動のできる服装，体育館シューズ(上ばきは別)。

▼中学・高校理科

【課題】

□実験・観察

※携行品は，実験用白衣。

▼高校理科(生物)

【課題】

□DNAの抽出実験

試薬(水，エタノール，洗剤，食塩水)と材料(ブロッコリー)および器具を用いて，実験の実技と内容に関する知識を問う筆記試験がなされた。

※時間は50分程度。

▼中学英語

【課題】

□各自テーマに沿ったスピーチを書く(15分) → 全員の前で発表(1人3分) → ALTが司会者となり，受験者同士によるディスカッション(約25分)

※ALT，日本人面接官1人ずつ。

▼高校英語

【課題】

□各自テーマに沿ったスピーチを書く(15分) → 全員の前で発表(1人3分) → ALTが司会者となり，受験者同士によるディスカッション(約25分)

※受験者は全員異なるトピックでスピーチをする。トピックは以下の通り。

・どのように英語で英語の授業を行うか。

・生徒の能力をどのように測るか。

・生徒の能力をどう向上させるか。

・異文化理解のための授業をどう行うか。

※スピーチ作成の際には，辞書やノートなどを持ち込んでよい。

※ディスカッションは，それぞれのスピーチトピックに関して，ALTが質問を投げかけ議論を進めていく。別のALTの場合は，発言は挙手制で，質問意見何でもよいというスタイルであった。

※ALT，日本人面接官1人ずつ。ALTが面接を進行し，日本人面接官は試験の事務的な内容を日本語で話すのみ。

▼中学・高校音楽

【課題1】

□新曲視奏(アルトリコーダー)

※初見の曲を演奏する。練習室で5分ほど練習できる。

【課題2】

□弾き語り「浜辺の歌」

【課題3】

□和楽器演奏(任意の楽器，任意の曲)

　　※選考試験係で用意する楽器：箏，和太鼓。

　　※その他の和楽器は，各自で用意すること。

【課題4】

□専門実技

　　※以上を順番に行っていく。

　　※携行品は，アルトリコーダー，専門実技に使用する楽器。

　　※全体の所要時間が2時間半程度。

▼中学技術

【課題1】

□ものづくりに関する基礎的技術

【課題2】

□パソコンに関する基礎的技術

　　※携行品は，実習服及び運動靴。

▼中学・高校家庭

【課題】

□被服，食物に関する基礎的・基本的な技術

　　※携行品は，裁縫用具，実習用白衣，三角巾。

▼中学・高校体育

【課題】

　　※陸上競技，器械運動，マット運動，水泳，球技(バスケットボールまたはバレーボールより選択)，武道(柔道，剣道，ダンスより選択)を行う。

　　※携行品は，運動のできる服装，体育館用シューズ，屋外用運動靴，

　　水着，水泳帽，柔道衣または剣道用具またはダンスのできる服装。
※水泳においてゴーグルの使用は可。

▼中学美術
【課題1】
□鉛筆デッサン
【課題2】
□基礎デザイン(色彩構成)
　　※携行品は，鉛筆デッサン用具一式，平面デザイン用具一式(ポス
　　　ターカラー等)，30cmの直定規
　　※上記用具には画板(カルトン)を含む。

▼養護教諭
【課題】
□養護教諭の職務に関する基礎的技術
　　※携行品は，動きやすい服装。

▼高校書道
【課題】
□毛筆・硬筆
　　※携行品は，書道道具一式(2B鉛筆含む)，30cmの直定規。

▼高校工業
【共通課題】
□パソコンに関する基礎的技術
【機械課題】
□機械工学に関する基礎的技術
　　※携行品は，実習服，実習帽。
【電気・電子課題】
□電気回路の組立てと計測

　　※携行品は，実習服。
【デザイン課題】
□デザインに関する基礎的技術
　　※携行品は，中学美術と同じ。

▼高校商業
【課題】
□コンピュータの活用技術
　　※携行品はなし。

▼高校情報
【課題】
□インターネット，パソコンと情報機器の活用技術
　　※携行品はなし。

2014年度　面接実施問題

◆集団討論(2次試験)　面接官3人　受験者6〜8人　30〜35分

▼小学校教諭

【課題】

□学校と家庭の役割について。

　→家庭の役割なのに学校がやらないといけないこと。

　→朝，子どもが起きられないので，電話して欲しいと言われたら
　どうするか。

▼中学理科

【課題】

□問題行動を起こす生徒について

　※自由討論で，特に司会はいなかった。

　※討論終了後，面接官から質問があった。

▼中学英語

【課題】

□平成24年度の「なりたい職業」について小学生に調査したところ，
男の子が「サッカー選手などのスポーツ選手になりたい」，女の
子が「ケーキ屋さんなどの食べ物屋さんになりたい」が上位を占
めました。しかし，その一方で「将来の夢がない」と答えた子ど
もも同じくらい多くいました。あなたは，この原因が何で，教師
としてどのように子どもたちと向き合っていくのか，話し合って
ください。

　・人の意見に傾聴するように努めた。また，自分の意見を具体例
　でもって端的に答えるよう努めた。最終的には「子どものでき
　たこと，すてきなところをほめよう」という部分に討論は落ち

着いた。雰囲気が良く，誰もが自分の意見を言いあえたと思う。
・面接官が何かを書き控えた様子はなかった。

▼高校国語
【課題】
□学習意欲を高めるために大切なこと。
　※集団討論の内容を踏まえ，面接官から質問があった。
【質問内容】
□基礎基本の定着と学習意欲向上，あえて言うならどちらが先にくると思うか。
□全くやる気のなさそうなクラスにどうはたらきかけるか。
□授業以外での学習意欲向上対策として，学校が組織的に取り組めることはあるか。
　・協調性が第一と思い，最初と最後に受験者に笑顔であいさつするようにした。
　・常に討論の進行を理解できるようにする。
　・特定の人に質問するのではなく，その疑問をメンバー全体に返す形で議題提供する(「Aさんの〜という意見が大変気になったので，これについて考えませんか?」等)
　・話せていない人がいたら「Aさんはどうですか?」などと話をふると好感度アップすると思う。

▼高校国語

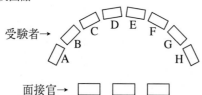

※受験者は高校国語5人，高校地歴3人の計8人だった。

【課題】

□教員に求められる必要な資質とはどのようなものか。

□その資質をつけるために，どうずればよいか。

　※25分間程度討論し，終了後，面接官から質問があった。

【質問内容】

□抽象的な討論が多いので，具体的にその資質をつけるためにどう普段から工夫をしているか，それぞれ，簡潔に答えてください。

　※質問の回答などについては15分間程度であった。

▼高校地歴

　※最初に面接官からテーマが発表され，そのテーマについてどう考えるかを挙手制で回答。その後次々に面接官から質問が出される。

【課題】

□魅力ある学校とはどのような学校か。

　→魅力ある教員とはどのような教員か。

　→採用されると忙しくなるが，生徒とのコミュニケーションをどのようにとるか。

　→コミュニケーション力を高めるために取り組んでいることは何かあるか。

　→ストレスはどのように解消するか。

▼高校工業(電気・電子)

【課題】

□生徒に対しての指導についての，指導の厳しさ，優しさの中にある甘さ。

　※討論終了後，面接官から質問があった。

【質問内容】

□指導の優しさとは何か。

□さぼり癖のある生徒が，授業途中保健室に行きたいと申し出た。

その時どうするか。

※討論は約25分，質問に対する回答などは約5分であった。

◆個人面接(2次試験)　面接官3人　25〜35分
　▼小学校教諭
　【質問内容】
　□(履歴書から)経歴について。
　□なぜ小学校の教師を目指しているのか。
　□言語活動で意識してることは何か。
　□学級経営で大切にしていることは何か。
　　→学年で合わせているのか。
　□自然学校について。
　□どんな変化があったか。
　□授業力を上げるためにやってること3つ挙げよ。
　□いじめについて。
　□懲戒と体罰の違いについて。
　□ボランティアの経験について。
　□学校でボランティアのことを伝えたのか。
　□25年度の学校教育目標は何か。
　□学校で誇れることは何か。

　▼中学理科
　【質問内容】
　□教員になって大切にしたいこと，頑張りたいことは何か。
　□部活動を通じて生徒に伝えたいことは何か。
　□たばこを吸う生徒の親への対応(親はたばこ容認)はどうするか。
　□兵庫県のスローガンについて。
　□独自の体験活動について。
　□「生きる力」とは何か。

▼中学英語

【質問内容】

□よく眠れたか。

□最近気になるニュースは。

□(願書から)免許を2つ持っているが，なぜ中学校の教師になりたいのか。

□○○の私立中高等学校で専任講師ということだが，具体的にどのようなことをしたか。

□願書に在家庭・アルバイトとあるが，どのような活動をしたのか。

□兵庫県以外に受験しているか。

□願書の下にある地方公務員法第16条と学校教育法第9条の内容は何か。

□あなたの授業を理解できない生徒がいたらどうするか。

□どのような教師を目指しているか。

□在家庭中，具体的に何をしていたか。

□クラス経営で困ったときどうするか。

□部活動などのいろいろな業務で抱え込みすぎた場合でも，最後に決断するのは自分だと思う。その時どうするか。

□多くのクラスがある場合，授業でどのようなことを注意するか。

□生徒とどのような関係を築くか。

□担任の先生になったつもりで1分間自己紹介してください。

□あなたがバイクを乗り回す生徒と鉢合わせしたとする。どうするか。

□最後に保護者との関係について一言でまとめてください。

　・どうしてもわからない質問に対しては，「勉強不足です。わかりません。しかし，気になるので今日中に調べたいと思います」等というように決めていたので，安心できた。

▼高校国語

※面接官3人が順番に質問した。

【質問内容】

□併願状況について。

□自己PRについて。

□志望動機について。

□教育実習での経験について。

□部活・サークル活動について。

□卒業論文について。

□教師生活での目標。

□信頼される教師になるために大切なことは

□スマートフォンについて。

□情報モラルについて。

□万引きした生徒の親が「お金さえ払えばいいのに大げさ」と言ったとしたらあなたはどうするか。

・笑顔を絶やさない。明るくハキハキ話す。

・入退室のマナーを守る。

・自分が教師になってやりたいことと，自分にしかないアピールポイントを明確にしておく。

・1文を短くする。

▼高校国語

【質問内容】

□自分を建物に例えてください。またその理由は何か。

□どうして高校の国語の教師になろうと思ったのか。

　→(高校の国語の先生の授業が分かりやすく，好きだったからと
　　答えると)具体的にはどのようなところがわかりやすかったの
　　か。

□その国語の先生をどうしたら越えることができるか。

□部活動をしていて，嬉しかったこと，悔しかったことを教えてく
　ださい。

□いろんな種類の学校で講師をしているが，授業を行う上で意識し
　ていたことは何か。

□願書に署名しているが，地方公務員法第16条の内容は知っている
　か。

□今まで採用試験は何回受験したか。

□今回はどうして一次試験に受かったと思うか。

□(願書の履歴から)それぞれの学校の分掌と担当していた部活動を
　教えてください。

□どの学校が自分には向いていると思ったか。その理由は何か。

□今まで経験した学校で大変だなあ，と思ったことは何か。

□(前任高校が一年間だけの勤務だったので)その理由。

□あなたのしゃべり方を生徒に真似されることはあるか。

□話す時に「えー」とよく言うが，そのことを自覚しているか。

□年間の学習指導計画を立てるときには，どのようなことを注意し
　ているか。

□プレゼンテーションとは何か。

□プレゼンテーションを指導する上で気をつけていることは何か。

□プロバイダとは何か。

▼高校地歴

【質問内容】

□大学卒業後に通信教育で高校公民の免許を取得しているが，大学時代には取得できなかったのか。

□現在の勤務校に勤めながら，非常勤で別の学校に勤めた経緯は何か。

□高校・大学と野球部の副主将をする中で，一番大変だったことは何か。

□少年野球のコーチをする中で，一番嬉しかったことは何か。

□小学生と高校生を指導する上で，一番違うところはどこか。

□定時制と全日制，教科指導面・生徒指導面でのそれぞれの違いは何か。

□現在の勤務校での校務分掌は何か。

□(4年生担任に関して)卒業してどのような生徒になってほしいか。

□生徒のコミュニケーション力を高めるために，どのような取り組みを行っているか。

□教科の専門性を高めるために取り組んでいることは何か。

□これまで採用試験を何回受験したか。

□なぜこれまでは受からなかったと思うか。

□現在の勤務校の勤務時間・休憩時間・給食の時間は。

□講師の立場で担任をしていることについてどう感じているか。

□担任を経験していることを踏まえて最後に自分の思いを述べよ。

▼高校工業(電気・電子)

【質問内容】

□願書の作文について。

□あなたの学校の学科数はいくつか。

□禁止事項で知っていることは何か。

□課外活動について。

□高校時代入っていた部活動を何故大学時代にはしなかったのか。

□あなたは, 学年付に入ったことはあるか。

　→あるとして, もし担任になってクラスの生徒の指導について学年の方々の指導の方針が違う場合どうするのか。

　→それが, 多数決で決まる場合もあるけれどどうするのか。

□今の分掌は。

　→分掌で, 何の係をしているのか

□係の仕事をする中で, 保護者の中でモンスターペアレントと呼ばれる人はいたか。

□あなたの学校は, 開かれた学校づくりと言えるか。

　→どのようなところでそう思うか。

□今まで, どんなことに取り組んできたのか。

□今, 気になるニュースは。

　→(部活動中の熱中症についての事を答えたので,)もし生徒が熱中症になった場合どうするのか。

□今後, どんなことに取り組んでいくのか。

　・提出した願書は, しっかり見ておくべきである。特に, 作文について聞かれるので, 突っ込まれてもいいように, 考えておく必要がある。

◆模擬授業(個人面接に含む)　10分(準備時間約5〜10分)

　▼小学校教諭

　　　※面接に入る前の約5分間, 模擬授業用の教科書のコピーを確認する時間がある。

　【課題】

　□箱の形を調べよう(4年)。

　　　※必ず板書をする。授業に直接関係のない点呼などを省く。

　　　※今年は, 模擬授業が10分に増え, 場面指導が無くなった。

▼中学理科

　　※準備の時間が約10分あった。

【課題】

□生物の体を作る細胞

▼中学英語

　　※あらかじめ教材を渡されている。

【課題】

□比較級文法(中学2年，2学期)

　　※模擬授業終了後，面接官から質問があった。

【質問内容】

□(授業展開について)いつも文法練習から入るのか。

□あなたの作ったお助け冊子について説明してください。

　　→それは授業で実際に使っているか。

▼高校国語

　　※個人面接直前の待機時間5分で教科書のコピーを見て構想する。

　　※導入(雑談)はなしですぐに授業内容に入ること，という指示が
　　　あった。

【課題】

□『韓非子』より「矛盾」

　　※教科書コピーに手書きで「高校1年生を対象に」と書かれてお
　　　り，「矛盾」本文と注目語彙，文法，時代背景が印刷されてい
　　　る。

　　※面接官は生徒役でクラスの中で授業することを想定するが，発
　　　問は面接官にだけ行い，仮の生徒に答えさせない。

　　※模擬授業後，追加質問と講評があった。

　・気をつけることは，元気に，笑顔で，大きな声でという点。ま
　　た教室全体を見渡す，黒板は色分けすることも心がける。「こ
　　れから何をするのか」を常に明確にしておくと自分も生徒もわ

かりやすい。
・生徒の質問でわからない質問がきたら正直に分からないと言う。
・自分らしさが出せるとなおよし(歴史が得意なので時代背景の豆知識を語る，絵が得意なので黒板に絵を描くなど)。
・国語科では，本文の音読は生徒に読ませない(時間が短いのでカットしてくださいと言われる)。
・範読は抑揚をつけ感情をこめる。
・テーマ発表，前回の復習，作品の簡単な説明，本文範読，本文解説の流れがやりやすいと思う。

▼高校国語
　　※面接教室に移動する際に，注意事項と教科書が両面印刷されているA4の紙をもらった。ただ，注意事項はその場で読んでもいいが，裏面の教材は面接教室の前の椅子に座るまで見てはいけないという指示があった。また，導入だけでは終わらず，授業力を見たいので内容に入ること，という指示もあった。
【課題】
□古文「児のそら寝」
　　※模擬授業終了後，質問があった。
【質問内容】
□模擬授業を振り返って，自己採点すると10点満点中何点か。
　　→その理由は何か。
□何を意識して授業をしたか。
□板書している間，ガチャガチャしないか。
　　→「するときもある」と答えたので，)その時あなたはどうするか。
□「児」という字をもう一度書いてください。
　　→自信がないような顔をしていたら，「もう一度きちんと書いてみて」と言われた。

▼高校地歴

【課題】

□検地と刀狩

※模擬授業終了後，面接官から質問があった。

【質問内容】

□今の授業はいつものスタイルか。

※さらに模擬授業の内容に関する質問が2，3問あった。

※面接官が生徒役であった。

※導入だけで終わらず，内容まで入ること。授業は完結せず，途中で終了してもよい。

※必ず板書をすること。

▼高校工業(電気・電子)

※面接会場へ移動する前に，模擬授業用のプリントが配られる。廊下で考える時間あり，メモ書きしてもよい。

【課題】

□フレミングの左手の法則

※導入だけで終わらず，途中で終了してもよい。

※模擬授業終了後，面接官から質問があった。

【質問内容】

□模擬授業してみて，自分の評価は。

□どこができていなかったのか。

◆実技試験(2次試験) 面接官2人　受験者7人

▼小学校教諭

(音楽実技)

【歌唱課題】

□「おぼろ月夜」(文部省唱歌)

※無伴奏，任意の調で歌う。

【器楽課題】

□「こいのぼり」

　※主旋律をヘ長調で演奏する。

　※キーボード，鍵盤ハーモニカまたはソプラノリコーダーのいずれかを選択して演奏する。

　※楽譜を見ながらの演奏も可。

　※器楽で鍵盤ハーモニカ，ソプラノリコーダーを使用する場合は各自で持参する。

　・実技試験は少々の失敗は許されると思う。それよりも笑顔で元気よくすることが大切だと思う。

(体育実技)

【ボール運動課題】

　□バスケットボール：試験官からのボールキャッチ → ピボットターン3回 → レイアップシュート → ゴール下シュート2回 → ジグザグドリブル → 試験官にチェストパス

　※練習1回あり。

【器械運動課題】

　□マット運動：側方倒立回転 → 前転 → 半回転ジャンプ → 伸膝後転

　※練習2回あり。

　・始まる前と終わった後の挨拶を元気良くすることを心がけた。

【水泳課題】

□平泳ぎ：25m

　※タイム測定あり。

　※練習1回あり。

　※持参するものは運動できる服装，体育館シューズ(上履きとは別にする)，水着，水泳帽である。

　・泳ぎ方はそれほど見られていない。25m立たずに泳げればそれでよいと思う。

▼小学校教諭

(体育実技)

【ボール運動課題】

□バスケットボール：ピボットターン3回 → ドリブルシュート → ゴール下の左右から1本ずつシュート → ジグザグドリブル → チェストパス

※練習が1回できる。

【器械運動課題】

□マット：側方倒立回転 → 前転 → 半回転ジャンプ → 伸膝後転

※練習が2回できる。

【水泳課題】

□平泳ぎ25m

※練習が1回できる。

▼中学理科

※30分で問題用紙を見ながら回答する形式であった。

【課題】

□電流計，電圧計，電池などを用いて回路を組み立てる。

□3種類の濃度の違う水溶液の電流，電圧を測定する。

□ガスバーナーで炎色反応を見て何イオンが含まれているか調べる。

□水溶液1滴をスライドガラスにたらし，アルコールランプで穏やかに加熱し，結晶をスケッチする。

※持参するものは実験用白衣である。

▼中学英語

【課題】

□As an English teacher, how do you improve your English instruction in a class?

【質問内容】

□アニメや歌をどのように授業で活用するか。

□クラスの雰囲気を悪くする生徒にどう対応するか。

□英語のモチベーションをどう高めるか。

□先生としてどのように授業を改善していくのか，もう少し詳しく。

　・3分間スピーチの制限時間を超えてしまった。しかし，英語の討論でその部分を取り返そうと，要点とその具体例を簡潔に話せるよう努めた。それでも，自分の英語のスピーキング力の語彙不足を痛感した。日頃から英会話練習をする必要があると思った。

▼高校英語

　※受験者4名でそれぞれ別のテーマが与えられ，まず各自が3分程度英語でスピーチする。その後，各スピーチについて試験官を交えながら英語でディスカッションする。

【課題】

□英語教員の研修について，真の国際人とは。

　・基本的にテーマは英語教育に関わることなので，事前に自分の意見を整理し，英語で原稿を作る練習をしておくと安心である。

▼中学技術

【課題】

□ものづくりに関する基礎的技術

□パソコンに関する基礎的技術

　※携行品は，実習服および運動靴である。

▼中高家庭

【課題】

□被服，食物に関する基礎的・基本的な技術

　※携行品は，裁縫用具，実習用白衣，三角巾である。

▼中高音楽

【課題】

□新曲視奏(アルトリコーダー)

□弾き語り

□和楽器演奏(任意の楽器，任意の曲)

　※選考試験側で用意できる楽器は，琴，和太鼓。その他の楽器は
　　各自で用意すること。

□専門実技

　※携行品は，アルトリコーダー，専門実技に使用する楽器である。

▼中高保体

【課題】

□陸上競技

□器械運動

□水泳

□球技(バスケットボールまたはバレーボール)

□武道(柔道または剣道)またはダンス

　※携行品は，運動のできる服装，体育館用シューズ，屋外用運動
　　靴，水着，水泳帽，柔道衣または剣道用具またはダンスのでき
　　る服装である。

▼中高美術

【課題】

□鉛筆デッサン

□基礎デザイン(色彩構成)

　※携行品は，鉛筆デッサン用具一式，平面デザイン用具一式(ポ
　　スターカラーなど)，直定規(30cm)，画板(カルトン)である。

▼高校工業(電気・電子)

【共通課題】

□1〜2問目はExcel2013に表が作られていて空白部分に関数を使い表を仕上げる。

□3問目は，2問目の問題で完成させた表やグラフを指定された所(PowerPoint2013)に貼り付ける。

※問題は問題用紙が配られる

※関数を使い，合計，平均，最大，最小，if文などを使う。

※指定されたグラフを表示させる(グラフに関わる文字については，ポイントやフォントが指定される)。

【専門課題】

□電気回路の組立てと計測

①支給された工具，部品を使い半田付けをして回路を製作する。

②問題用紙に測定結果を書く表があるので，テスタを使って電圧を測定し記入する。

③測定結果より，論理式を考え記入する。

④測定結果より，どのような動作をするのか記入する。

※持参するものは実習服であった。

※共通課題・専門課題共に制限時間は60分である。

・あせると，間違えも増え，作業が進行しない。開始前は時間があるので，リラックスして行うこと。

・共通実技はパソコン利用技術検定2級程度であるが，グラフは2種類のグラフを使ったりするので指定されたソフトウェアでしっかり練習をした方がよい。専門実技の基板は年度によって異なるので，いろいろな種類の基板で練習をしたほうがよい。

▼高校商業

【課題】

□コンピュータの活用技術

▼高校書道

【課題】

□毛筆・硬筆

※携行品は，書道道具一式(2B鉛筆含む)，直定規(30cm)である。

▼高校情報

【課題】

□インターネット，パソコンと情報機器の活用技術

▼養護教諭

【課題】

□養護教諭の職務に関する基礎的技術

※携行品は，動きやすい服装である。

2013年度　面接実施問題

◆集団討論(2次試験)　面接官3人　受験者7〜8人　35分

　▼中学社会

【課題】

□あなたは，携帯電話やスマートフォン等によるコミュニケーション
　は，「人間関係に広がりができるもの」と考えますか，それとも，
　「メール等では，コミュニケーションは，十分でない」と考えます
　か。

※事前に課題が書かれたプリントが提示され，空き時間にプリントの
　メモ欄に考えをまとめるよう指示がある。しかし賛成・反対は試験
　官から指定されると説明。今回は受験番号の若い順に前半が賛成，
　後半が反対と指定される。

・試験官は討論は受験者が自由に進めるように指示し，終了5分前に
　なったら知らせると説明して討論が始まった。

　▼中学英語

【課題】

□教員の研修について：校内で行われる研修と校外で行われる社会体
　験の研修，どちらが生徒のために必要か。

※控室で事前に2つのテーマが配られ，待機中にそれぞれの意見を書
　いておく。

・面接室では，面接官が，受験者を半分に分け，あらかじめ出された
　テーマのどちらの立場に立って意見を言うか指示される。最初はそ
　の立場で意見を述べ，途中で立場を変えても構わない(立場を変え
　たからといって点数には関係ないとの説明)。

・最終的にこのグループの意見をまとめるように指示され，討論開始。
　司会などに面接官は指示しない。

▼中高英語

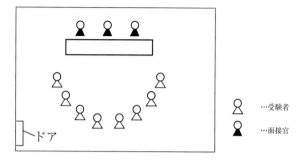

※各机に右からA〜Hの札が置かれていて，お互いはアルファベット
　で呼び合う。

【課題】

□教員の資質向上のために効果があるのは「校内で行う教科指導等の
　研修」か「校外における社会体験等の研修」のどちらか。

※制限時間は35分(最後の5分は，意見をまとめるよう面接官に言われ
　る。時間は面接官が伝えてくれる)

・事前に控え室で紙を渡され，それにメモを記入する欄があり，事前
　にそこに書き込んでもかまわない。そのメモと筆記用具を持って，
　面接室へ行く。各部屋の受験者は6〜8人。

・あらかじめどちらの立場でも言えるようにしておき，面接室に入っ
　て，どちらをやるかを面接官から言われる。

・討論の途中で意見が変わることがあっても良い。それが評価に影響
　することはない。

▼特別支援学校

【課題】

□聴覚障害のある中学部の生徒Bは，発達障害も疑われ，友人との金
　銭トラブルがたえない。その生徒Bへの指導について，学年会で，
　「Bは，自立支援部を中心に個別に自立活動の時間を設定し，人間関
　係の形成やコミュニケーションの指導など丁寧に指導していくこと

が適切」という考えと,「Bは,集団生活のルールやマナー等が身についていないことから,生徒指導部を中心に生活規律を明確にするなど,集団の中で指導していくことが適切」という考えに分かれました。あなたは,どちらの考え方に賛成しますか。

※控え室で,問題用紙が配られ,事前に考えをまとめておくことができる。試験中もメモをとることができる。

・どちらの立場で意見するかは,面接室で最初に指示される。
・発言は一人1分以内の指示。
・最終的には,まとめる方法で話をするように言われる。

◆個人面接(2次試験)　面接官3人　35分
　▼中学社会
【質問内容】
□(他自治体と)併願しているか。
□受験自治体の志望順位は。
□職務上の義務と身分上の義務について述べなさい。
□なぜ中学校教師を志望したか。
→(回答を受けて)中学校の担任教師の指導について具体的に。
□高校の免許を取得した理由は。
□(願書記載事項に関して)土曜スクールについて。
□土曜スクールで学んだことを中学校教師としてどう活かすか。
□(願書記載事項に関して)高校時代に物理・化学部に所属したとあるが,理科にも興味があるのか。
□なぜ社会科教師を志望したのか。
□教師として一番必要なことは。
□去年は教員採用試験を受験したか。
→(回答を受けて)なぜ今年は静岡県を受験しなかったのか。
□なぜ兵庫県を志望したのか。
→(回答を受けて)体験活動が2日間ではいけない理由は。

□指導において優しさと厳しさの違いは。

→(回答を受けて)厳しい指導について具体的に述べなさい。

□社会科の改訂のポイントは。

□オリンピックについて生徒にどう教えるか。

□あなたがオリンピックについて注目していたことは。

□いじめられている生徒がいたらどうするか。

□兵庫県があなたを採用したら，このようなメリットがあると30秒以内でアピールしなさい。

▼中学英語

【質問内容】

□志望理由(なぜ中学校なのかということについても)。

□大学での専攻語について(私は外国語大学でマイナー言語を専攻していたので)専攻理由と英語とは関係ないが，どう活かせるのか。

□卒論について。

□前の学校(私立の学校に1年目講師，その後6年間教諭として働いていたので)の退職理由は。

□最近気になる新聞記事(教育と関係ない内容を言ったら，教育に関するものでは？と聞かれた)。

□英語の指導に活かせる最近読んだ本は。

□英語を通してどんな力をつけさせたいか。

□保護者から指導に対してクレームがきたらどう対応するか。

□生徒から授業がつまらないといわれたらどうするか。

□生徒指導をする時，どんなことに気をつけるか。

▼中高英語

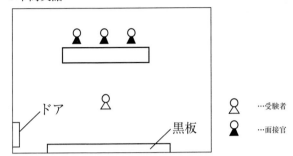

ドア

黒板

🏃 …受験者

👤 …面接官

【質問内容】

□兵庫県を志望した理由は。

□教員採用試験を受けるのはこれで何度目か。

□再度受けるにあたって，特に力を入れたことは何か。

□公務員の義務は何か(法規)。

□それについて書かれた法律は何か(法規)。

□自分が経験していない部活を持たされることがあるが，それについては大丈夫か。

□教員に必要な資質は何か。

□生徒指導をする上で，自分と生徒の思い違いがあったときどうするか(要は生徒指導するうえで，こちらが間違えたことをしてしまった場合どうするか)。

□英語教員としてあなたが授業をする際，気をつけていることは何か。

□学校では喫煙指導についてはどのような取り組みをしているか。

□高校，大学と部活が違うが，小・中学校ではどのような部活に入っていたか。

□高校で剣道部に入ったと書いてあるが，剣道はいつから始めたのか。

→なぜ，高校で剣道をやろうと思ったか。

→実際，剣道をやるうえで，国際交流はできたか。

□なぜ，大学で演劇をやろうと思ったか。

□年間会計を大学の部活でしているが，その部活で苦労したことは何

335

か。どのようなことをしたのか。

→年間会計で失敗したことは何か，どのようにフォローしたか。

□これまで経験していなかった野球部を持つことになったが，どのようなことをしたか。

□英語教員をする上で，なぜ，大学では地理学を専攻したのか。

※面接官は3人。2人が願書に書かれたことを中心に質問し，1人が現場経験のことを聞いてくる。

▼特別支援学校

【質問内容】

□特別支援学校を志望する理由は。

□これまで2次試験を合格できなかった要因は。

□公務員に禁止されていることを，2つ述べよ。

□休日の過ごし方は。

□親友はいるか。

□講師経験での成果。

→逆に，失敗経験は。

□誰にも負けないことは。

□中・高の教師ではなく，特別支援学校を目指す理由は。

□卒論のことについて。

□高校・大学の部活動の内容は。

□現在の勤務校のPRは。

□主に担当している授業は。

□担当している分掌について。

□(性格的に)合わない人がいたらどうするか。

◆模擬授業(個人面接に含む)　3分
　▼中学社会
　【課題】
　□時差についての授業
　※面接官は生徒役となり，発問するよう促せば回答した。
　模擬授業終了後，この後の授業はどのように進めるか問われた。

　▼中学英語
　【課題】
　□比較についての授業

　▼中高英語
　【課題】
　□Show and Tellの授業の導入部分をしなさい。
　→模擬授業を行った後，5点満点で自己採点を。

　▼特別支援学校
　【課題】
　□筋緊張が強い脳性マヒの高等部の生徒にファシリテーションボール
　　を使って指導してください。30秒考えてから行ってください。
　※模擬授業後に質問あり。
　→ファシリテーションボールを使って指導するときに留意すること
　　は。

◆ロールプレイ(個人面接に含む)　3分
　▼中学社会
　【課題】
　□授業中に教室を抜け出し携帯電話を操作している生徒がいます。あ
　　なたはその時間は空き時間だったという設定でその生徒を指導して

ください。

※面接官が生徒役になり携帯電話の操作をしているふりをする。

・指導に対して他人に迷惑をかけてないから関係ないと終始反抗的な
　態度で関西弁で反論。終了後，実際に中学校教師としてどのように
　指導するか問われた。

▼中学英語
【課題】

□クラスのAさんが，違うグループのBさんがそのグループの子たちか
　ら仲間はずれにされていると言ってきた。でも，そのグループの子
　たちは，仲間はずれにしていないという。どう指導するか。(面接
　官が生徒役)

▼中高英語
【課題】

□放課後，校内巡視をしている中，2，3人の生徒が話をしていますが，
　喫煙の形跡もあります。それについて指導してください

→それをした後，5点満点で自己採点をする

▼特別支援学校
【課題】

□知的障害特別支援学校でパニックや噛みつきの多い生徒の保護者に
　対応しなさい。日頃から連絡帳でそのことを書くが連絡帳に返事は
　ない。この日は窓ガラスを割ってしまい，どういうことかと父親が
　学校にやってきたという設定。窓ガラスの支払いはしないし，今後
　連絡帳も書かなくていいと言ってくるという設定で行う。わたし
　(面接官B)が学校に来たというところからやってください。

※ロールプレイ後に，感想を求められた。

◆実技試験(2次試験)　面接官　日本人1人，ALT1人　受験者4人　15分
【課題】
　□日本の企業の中には英語を公用語にしているところがあるが，それ
　　についてどう思うか。
　□日本人は6年間かそれ以上英語を勉強するが，話せないと言われて
　　いることにどう思うか。
　□海外へ留学する人が減っていることをどう思うか。
　※面接室の前の机でそれぞれに違った課題(英語と日本語)が渡され
　　れに対しての意見を英語で書く(この時は辞書使用可なので，持ち
　　物には書いていないけど，持っていったほうが良い)。
　・その後，部屋に入って，受験番号と名前を言う(日本語)。ALTが名
　　前を確認。順番に自分の課題を2回読み，他の受験者に伝え，自分
　　の考えをスピーチ(3分間)。
　・全員スピーチが終わったら，ALTが受験者の意見やテーマから受験
　　者に対して意見を求める。挙手制で意見を言う。

2012年度　面接実施問題

◆集団面接(2次試験)　面接官3人　受験者7人　35分

▼小学校全科

【課題】

□読書習慣を養うために読書活動を行うことになった。これにマンガを用いることに対して賛成か，反対か。

※受付後の待機時間に集団討論のテーマ及びメモ欄が書かれた用紙が配られ，待機時間中，そのテーマについて自分の意見をまとめ用紙に記入する。

試験は1グループ／7人で行われ，まずテーマに対し，賛成派・反対派に分けられ，討論を開始する。司会はなし。一人ずつ机といすが用意されており，A〜Gのアルファベットで呼び合う。

ほかの人の意見をメモすることができ，途中で賛成から反対もしくは逆になることは可能であった。面接官は5分前を知らせるのみ。

※2011年度は1次試験にて実施。

☆兵庫県・集団面接の評定項目(A〜Eの5段階評価)

□健康度：表情や言葉遣いに関する評価

□積極性：仕事に対する意欲や情熱に関する評価

□共感性：児童生徒に対する共感性に関する評価

□社会性：周囲とのコミュニケーション能力に関する評価

□堅実性：ものの見方や考え方に関する評価

◆個人面接(2次試験)　面接官3人　受験者1人　35分(ロールプレイング・模擬授業含む)

▼小学校全科

□形式

面接官は3人で一人ずつ約10分ずつ質問。

【質問内容】

【面接官①】主に願書に書いてある内容

□部活動で取り組んできたことは。

□ボランティアでどんなことをしているのか。

□教員の魅力はどんなところか。

□自分の強みは何か。

□大学に入った時から教師を目指していたか。

□問題を起こす児童が多いかもしれないが，どう対処するか。

【面接官②】

□あなたは周りの人からどのように思われていると思うか。

□部活動で苦労したことは何か，またそれをどのように克服したか。

◆ロールプレイング　面接官3人　受験者1人　3～5分(個人面接内)

【課題】

□「うちの子が給食で無理やりトマトを食べさせられて傷ついている」という保護者からの電話に対応しなさい。

※テーマを言われてすぐに行う。面接官が保護者役で何回か意見を交換し終了。

◆模擬授業　面接官3人　受験者1人　3～5分(個人面接内)

【課題】

□社会科の環境問題についての授業を行いなさい。

※テーマを言われ，考えがまとまり次第すぐに行う。黒板は使用可。面接官が児童役を行う。約3～5分行ったところで終了し，その後の授業計画について質問される。

【質問例】

□落ち込む時や悩んだときはどのように対処するか。

□あなたはリーダータイプかどうか。

□学習指導要領が改訂されたがそれに伴い，学校ではどのような授業が行われているか。

【面接官③】

□教師に求められている資質を，3つ挙げなさい。

□兵庫県独自の教育をなにか知っているか。

□自然学校は何日間で，それに行く意義は何か。

□保護者は自然学校にいくことで，何を求めているか。

□京都市(自分の大学がある)の独自の教育は何かあるか。

□宿題を強制されるのが嫌だという児童がいたら，どのように指導するか。

□宿題をする意義は。

□保護者から「うちの子は宿題はなくても自分でどんどん勉強しているから，宿題はなくてもいい」と言われたらどう対処するか。

※「兵庫県は圧迫面接」と聞いていたが圧迫面接ではなかった(他の人もそう言っていた)。自己PRはなし。面接官3人のうち2人はにこやかで，1人はずっと下を向いていた。模擬授業は国・算・社・理から選ぶことができた。

☆兵庫県・個人面接の評定項目(A～Eの5段階評価)

□態度・表現力：表情や言葉遣いに関する評価

□意欲・積極性：仕事に対する意欲や情熱に関する評価

□判断力：状況に応じた判断力に関する評価

□専門性：教科科目の専門的指導力に関する評価

　　□将来性：教員としての資質や人間性に関する評価

◆実技試験(2次試験)　面接官2人　受験者7〜20人
　▼小学校全科
　(音楽)
　　【課題】
　　□「ふるさと」
　　　実施形式：約40人が同じ教室で5分間個人練習。7人／1グループ
　　　　で試験場に移動，集団面接のように着席し一人ずつ歌う。
　　　内容：「ふるさと」(一番のみ)を無伴奏，−任意の調(一人ひとり
　　　　音程が異なる)で。譜面台とキーボードがあり，キーボードは
　　　　最初の音をとる場合のみ使用可。譜面台には譜面が置いてある
　　　　が，各個人が用意した譜面を使用することもできた。
　(体育)
　　【課題】
　　□ボール運動(バスケットボール)
　　　実施形式：約20人のグループで1人ずつ試験を行った。はじめに
　　　　試験官による手本あり。練習は1回のみ。
　　　内容：パスキャッチ(片足ずつ着地)→ピボット4回→ドリブルから
　　　　レイアップシュート(右もしくは左から)→左右ゴール下シュー
　　　　ト→ジグザグドリブル→ボールをキャッチし両足で着地→チェ
　　　　ストパス
　　　　これを試験官からのパスではじめ，再び試験官にパスするまで
　　　　の一連の動作で行う。
　　□器械運動(マット)
　　　実施形式：約20人のグループで1人ずつ試験を行った。はじめに
　　　　内容の説明。練習は1人／2回まで。
　　　内容：側方倒立回転→前転から1/2回転ジャンプ→伸膝後転(はじ
　　　　めの足は曲げても伸ばしてもどちらでも可)。

□水泳(平泳ぎ)

実施形式：約70人が8人ずつ行った。練習は1回のみ。

内容：平泳ぎ25m(タイム測定あり)

※各実技試験の順序はグループごとで異なった。試験官は水泳以外は
各グループにつき2人。

2011年度　面接実施問題

◆集団面接(1次試験)　面接官3人　受験者8人　30分

▼中学社会

・会場(兵庫県立大学)での受付時間は9：00〜9：15とあるが，9：00前から長蛇の列(約400人が集合のため)になるので注意。

〜全体の流れ〜

①入室

②集団討論

【テーマ】求められる教師像について

・発言は挙手で行い，指示があれば発言できる。1人1分以内で発言とのこと(途中で切られる場合もある)。テーマの発表後，1〜2分教育情勢についての説明がある。その間に意見考えておく。

③意見発表

それでは，求められる教師像ですが，保護者と生徒とは違うと思われるので，まず保護者について発表しなさい。

④意見発表2

それでは，生徒から求められる教師像について，発表しなさい。

⑤意見発表③

様々な意見が出たが，自分自身についてはどうか。

⑥集団面接

□教師として何が大切だと思うか。

□先程それぞれ言われた大切なことを踏まえて，学校現場ではどのような実践をするか。具体的に。(具体的に言えない場合，その人ごとに『具体的に言って欲しかったのだが…』と小言あり)

□学習指導要領の内容を言いなさい。

□こだわりの教材は何か。

□クレーマーの定義について，ひとことで述べなさい。

※受験者が言ったことを，面接官3人は単語でメモしていた。面接後の評価に使うような雰囲気。

◆集団面接(1次試験)　面接官3人(男)　受験者8人　30分(討論15分，面接15分)

▼養護教諭

①集団討論

【テーマ】保健室登校など心のケアを必要としている子がいますが，開かれた保健室についてどう思うか。

※・討論では2回目の意見をする人が半分以上いた。

・意見を発表している人がいるときは，意見を聞く態度も大切。

・意見は簡潔に発表すること。

・願書に載っている要綱に1次試験の評価項目が載っているので見ておくこと。

②面接

□開かれた保健室にするためにはどうするべきか。

□養護教諭になったら自分にはこんな強みがありますというPRできる点はあるか。

□保・小・中の連携がよく言われているが，どういう点についてそう言われていると考えているか。

※挙手制ではあったが1つの質問で全員が意見するまで待っていてくれた。

◆集団面接(1次試験)　面接官3人　受験者8人　30分

▼小学校全科

①集団討論

【テーマ】宿題のあり方について

②集団面接

□親に「塾で宿題があるので学校では出さないで下さい。」と言われたらどのような対応をするか。

□ソフトボールの試合を見に行くと，クラスのA君がミスをして監督にとても怒られました。次の日どのように声を掛けるか。

□どのような宿題を出すか。

□教師で一番大切だと思う資質を一言で。

◆面接(1次試験)

▼高校英語

□生徒，保護者から求められる教師像とは何か。また，それに近づく為に日々心がけていることはあるか。

□ストレス解消法は。

□公務員の義務は。

□兵庫県独自の教育政策は何か。

□学生時代に一番熱心に取り組んだことは何か。

□今の自分に教師として欠けているところ。

□教師としての自分の魅力は。

□高校生は何を悩んでいると思うか。

◆面接(1次試験)

▼高校数学

□学校と家庭の役割について。

□理数離れと言われているが，数学の授業で心がけていることは。

□どんなクラスにしたいか。

□クラスの目標等に反する行動に対してどのように対応するか。

□生涯学習社会とは。

□自己教育力つけさせるために高校で出来ることとは。

347

□教育とは何か一言で。

◆個人面接(2次試験)　面接官3人　40分
　▼中学社会
　　□小・中学の免許がある中で，中学社会を受ける理由は。
　　□京都府在住なのに兵庫を受ける理由は。
　　□小学校と中学校の違いは何と考えているか。
　　□先生をしていく上での気構え(大切にすること)は何か。
　　□大学で所属していた部活(美術部)の中で，どのような事をしてい
　　　たか。
　　　・部活の中での役職(管理局長)の内容。楽しかったこと，辛かっ
　　　　た事。
　　　・また，その役職の内容が学校現場でどのような役に立つか。
　　□バレーボール部を持つとして，部活の活動時間は週何日の何時間
　　　でやるか。
　　□自分の短所長所は何か。
　　　・興味を持つように工夫することが長所だと言うことだが，現在
　　　　のの勤務経験での成功例はあるか。
　　□苦手な部活の顧問を担当することもあるがその場合はどうする
　　　か。
　　　・苦手な部活の場合部活の子が，「もっとしっかり指導して欲し
　　　　い」と言われた場合どう対応するか。
　　□他に受けている自治体はあるか
　　　・また，どちらが第一志望か。
　　□元気な学校では生徒に胸ぐらを掴まれることもあるが，どのよう
　　　に対応するか。
　　□体罰はどの法によって禁止されているか。
　　□学習指導要領の中で，今回大きく改変されたのはどこか。
　　□兵庫県内で最近起きた教育に関するニュースは何か。

◆模擬授業　2～3分
　【テーマ】衆議院の優越について授業せよ。

◆ロールプレイ　5分
　【テーマ】自分の担当するクラスにいるある部活のキャプテンの子が，
　「うちの顧問は少しのミスで部の倉庫掃除や草むしりをさせて，全
　然練習ができない。部員はやめたがっているし，説得しようとする
　と，私が顧問とつるんでようにみられて辛い。担任から顧問にひと
　こと行ってほしい」と言われた時の対応は。

◆実技(2次試験)
　▼小学校全科
　(音楽)
　　□歌唱「もみじ」
　　　・無伴奏，任意の調
　　□新曲視奏：キーボード，ソプラノリコーダー，鍵盤ハーモニカの
　　　いずれかを選択して演奏。
　　　・ソプラノリコーダー，鍵盤ハーモニカを選択する場合は持参。
　(体育)
　　□ボール運動(バスケットボール)
　　□器械運動(マット，鉄棒運動)
　　□水泳(平泳ぎ)

2010年度　面接実施問題

◆集団討論＋集団面接(1次試験)　面接官3人　受験者7人　30分
　▼小学校全科

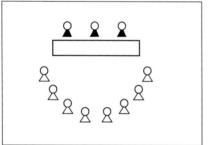

　　…受験者

　　…面接官

　　集団討論テーマ「ADHDやLDのお子さんをもつ親の願いは何だと思
　　　いますか」
　　・面接官は挙手した受験者を指名するだけ。
　　・発言は1分以内で。
　　集団面接の質問内容
　　・あなたが教師になろうと思ったきかっけは。
　　・あなたの長所をエピソードも含めて話して下さい。
　　・今，頑張っていることは。
　　・教師の資質は何だと思いますか。1つだけ説明して下さい。

◆集団討論＋集団面接(1次試験)　面接官3人　受験者8人　30分
　▼小学校全科
　　集団討論テーマ「特別支援教育について，保護者にどのように理解
　　　してもらうか」
　　集団面接の質問内容

350

・教師と保護者の意見が食い違ったらどうするか。
・クラスにAD/HDの子がいたら，どんな支援をしたいか。

◆集団討論＋集団面接(1次試験)　面接官3人　受験者8人　30分(討論12分，面接18分)
　▼中学社会
　　集団討論テーマ「学校における携帯電話の所持について」
　　・挙手制で，あらかじめ1人1分以内の発言にするように指示される。
　　集団面接の質問内容
　　・中一の担任を持ったとしたら，どのような教育目標を挙げるか。
　　・どのような先生が好きだったか。
　　・授業に無関心の生徒にどのような授業をするか。
　　・公民の授業をする際，どのようなことを生徒に教えたいか。

◆個人面接＋模擬授業＋場面指導(2次試験)　面接官3人　40分
　▼小学校全科
　　個人面接の質問内容
　　・自己PR。
　　・教師になろうと思ったきっかけは。
　　・不登校について。
　　・ボランティアで学んだこと。
　　・教育実習での思い出。
　　・教科指導をどう上手にやっていくか。
　　・好きな教科。
　　二枚の絵を使って模擬授業
　　場面指導テーマ「学校に携帯を持たせたいという保護者への対応」

◆個人面接＋模擬授業＋場面指導(2次試験)　面接官3人　40分
　▼小学校全科
　　個人面接の質問内容
　　・午前中の音楽実技の出来はどうだったか。
　　・小学校の先生を目指すきっかけは。
　　・苦労したこと，その乗り越え方は。
　　・公務員の義務を知っているだけ話してください。
　　・留学で何を学んだか。
　　・最近，感動したことは。
　　・セクハラがあったら(見たら)どうするか。
　　・パワハラを知っているか。
　　・教師に求められている資質は何だと思いますか。
　　模擬授業テーマ「乾電池のつなぎ方」
　　場面指導テーマ「A君に上履きを隠されたらしい生徒への対応」

●書籍内容の訂正等について

　弊社では教員採用試験対策シリーズ（参考書，過去問，全国まるごと過去問題集），公務員試験対策シリーズ，公立幼稚園・保育士試験対策シリーズ，会社別就職試験対策シリーズについて，正誤表をホームページ（https://www.kyodo-s.jp）に掲載いたします。内容に訂正等，疑問点がございましたら，まずホームページをご確認ください。もし，正誤表に掲載されていない訂正等，疑問点がございましたら，下記項目をご記入の上，以下の送付先までお送りいただくようお願いいたします。

> ① **書籍名，都道府県（学校）名，年度**
> 　（例：教員採用試験過去問シリーズ　小学校教諭 過去問　2025年度版）
> ② **ページ数**（書籍に記載されているページ数をご記入ください。）
> ③ **訂正等，疑問点**（内容は具体的にご記入ください。）
> 　（例：問題文では"ア～オの中から選べ"とあるが，選択肢はエまでしかない）

〔ご注意〕

○ 電話での質問や相談等につきましては，受付けておりません。ご注意ください。

○ 正誤表の更新は適宜行います。

○ いただいた疑問点につきましては，当社編集制作部で検討の上，正誤表への反映を決定させていただきます（個別回答は，原則行いませんのであしからずご了承ください）。

●情報提供のお願い

　協同教育研究会では，これから教員採用試験を受験される方々に，より正確な問題を，より多くご提供できるよう情報の収集を行っております。つきましては，教員採用試験に関する次の項目の情報を，以下の送付先までお送りいただけますと幸いでございます。お送りいただきました方には謝礼を差し上げます。

（情報量があまりに少ない場合は，謝礼をご用意できかねる場合があります）。

◆あなたの受験された面接試験，論作文試験の実施方法や質問内容

◆教員採用試験の受験体験記

- -

| 送付先 | ○電子メール：edit@kyodo-s.jp
○FAX：03-3233-1233（協同出版株式会社　編集制作部 行）
○郵送：〒101-0054　東京都千代田区神田錦町2-5
　　　　　協同出版株式会社　編集制作部 行
○HP：https://kyodo-s.jp/provision（右記のQRコードからもアクセスできます） | |

　※謝礼をお送りする関係から，いずれの方法でお送りいただく際にも，「お名前」「ご住所」は，必ず明記いただきますよう，よろしくお願い申し上げます。

教員採用試験「過去問」シリーズ

兵庫県の
面接 過去問

編　集	Ⓒ 協同教育研究会
発　行	令和6年1月25日
発行者	小貫　輝雄
発行所	協同出版株式会社
	〒101-0054　東京都千代田区神田錦町2‐5
	電話　03－3295－1341
	振替　東京00190－4－94061
印刷所	協同出版・POD工場

落丁・乱丁はお取り替えいたします。

2024年夏に向けて
―教員を目指すあなたを全力サポート！―

●通信講座
志望自治体別の教材とプロによる
丁寧な添削指導で合格をサポート

詳細はこちら

●公開講座 (＊1)
48のオンデマンド講座のなかから、
不得意分野のみピンポイントで学習できる！
受講料は6000円～　＊一部対面講義もあり

詳細はこちら

●全国模試 (＊1)
業界最多の **年5回** 実施！
定期的に学習到達度を測って
レベルアップを目指そう！

詳細はこちら

●自治体別対策模試 (＊1)
的中問題がよく出る！
本試験の出題傾向・形式に合わせた
試験で実力を試そう！

詳細はこちら

　上記の講座及び試験は，すべて右記のQRコードか
らお申し込みできます。また，講座及び試験の情報は，
随時，更新していきます。

＊1・・・2024年対策の公開講座、全国模試、自治体別対策模試の
　　　　情報は、2023年9月頃に公開予定です。

協同出版・協同教育研究会
https://kyodo-s.jp

お問い合わせは
通話料無料の
フリーダイヤル

いい み　な さんおうえん
0120 (13) 7300 まで
受付時間: 平日 (月～金) 9時～18時